"翔"的力量

——学校内涵式发展之路

于麾 著

这是我
悉心栽培的一株银杏树
无畏寒冷黑暗
装满时光流转
落英缤纷
一树擎天
栋里翔云至
去做人间雨

吉林出版集团股份有限公司

图书在版编目（CIP）数据

"翔"的力量：学校内涵式发展之路 / 于麾著. ——
长春：吉林出版集团股份有限公司, 2022.9
ISBN 978-7-5731-2464-7

Ⅰ. ①翔… Ⅱ. ①于… Ⅲ. ①小学教育–教育研究
Ⅳ. ①G622.0

中国版本图书馆 CIP 数据核字(2022)第 176403 号

"翔"的力量：学校内涵式发展之路

"XIANG"DE LILIANG：XUEXIAO NEIHANSHI FAZHAN ZHI LU

著　　者　于麾
出 版 人　吴　强
责任编辑　蔡宏浩
装帧设计　辛家宝
开　　本　710mm×1000mm　1/16
印　　张　10.75
字　　数　130 千字
版　　次　2022 年 9 月第 1 版
印　　次　2023 年 4 月第 1 次印刷
出　　版　吉林出版集团股份有限公司
发　　行　吉林音像出版社有限责任公司
　　　　　（吉林省长春市南关区福祉大路 5788 号）
电　　话　0431–81629667
印　　刷　三河市嵩川印刷有限公司

ISBN 978-7-5731-2464-7　　定　价　40.80 元

序

前些日子，收到作者请我为本书作序的短信，心中忐忑起来。作序一般是大家所为，自知难以胜任。但作者言辞恳切，也只好勉为其难。

机缘巧合，我与作者相识于 2016 年，作者对人生的积极态度、对教育的前瞻性思考深深地打动了我，于是我们有了私人友谊和教育合作。最初的教育合作源于我们对教育的共同理解：加速变化的世界需要德才兼备的创造性人才，而创造性人才的培养需要顺势而为的个性化教育。基于对"具备创新思维的人更会创新"这个基本假设的高度认同，作者欣然同意将学校作为我们"创新思维教育"的实验校，后来作者又联络一些志同道合的学校在沈阳成立了"沈阳创新思维教育共同体"，大量实验数据和验证结果更加坚定了作者的教育信念和教育理想，并把"为培养德才兼备创新人才或创造性劳动者奠基"的任务纳入学校工作重心。

本书是作者教育思想与实践的提炼和升华，从中我们不难读出作者对教育的由衷热爱、对教育的执着信念以及着眼于孩子一生幸福的火热实践。

首先，建立爱的网络，用爱浇灌孩子的幸福。爱不是简单地给予，也不是简单地帮助孩子积累知识，更不是"己所欲，施与人"；爱是顺势而为，与孩子平等对话，了解孩子的优势与弱势，帮助孩子发展独特潜能，帮助孩子成长为具有创造力的时代新人；爱需要爱的环境，爱的环境需要教师、学生、学校、家长和社会共同编织与呵护。爱不仅是孩子成功的基础，更是赋予了孩子成功的价值和意义；因为爱，当孩子的外在成功与其内在特点和内心渴求契合一致时，其从中获得的满足感就类似于我们常说的"幸福"。换言之,幸福不是用一城一池的成功来衡量,而是着眼于孩子的终身发展。在作者眼里,老师无私的爱、孩子的独特性、孩子的生命活力、孩子的内心芬芳、孩子的无限潜能、孩子的创造性思维和批判性思维……,都是人生的幸福源泉,教育的使命就是保护这些幸福的源头,确保幸福的源头不要干涸。

其次,厚植"翔"文化,筑牢教育理想的校本化途径。作者所在的学校名称为"雏鹰实验小学",其"翔"文化体系建设自然顺理成章。"翔",不仅让师生在自由翱翔与成长成才之间产生自由联想,更是让师生明白每个人都有属于自己的天空,而且实现翱翔天空的目标必须艰苦训练、积累经验、找到自己优势。围绕"翔"文化,学校建立了符合教育方向、具有人文精神的理念体系、环境景观、规则体系以及课程文化、教师文化等亚文化。"翔"文化通过有计划地渗透、融合到教育教学的全过程和全领域,形成了全体师生的共同价值观、共同信念、共识性规则体系和共同行为模式,形成了无所不在、无时不在的文化育人环境,开创了高质量实现育人使命的有效校本途径。

作者教育思想与实践的闪光点很多,不一一赘述,留给读者自己去细细品味。从建校史来看,"雏鹰实验小学"是一所新学校;但是从办学成就来看,这又是一所充满生机活力、文化土壤肥沃的学校。作者向我们展示了不同孩子、不同教师、不同学校的不一样发展道路和无限发展前景,引起我们对当前和未来教育方向的深层思考。

北京惠众教育研究院院长 教育经济学博士 研究员

石邦宏

2022 年 4 月 29 日

2008 年 8 月 27 日我带着组织上的信任和重托来到沈阳市铁西区雏鹰实验小学（当时叫雏鹰小学东校区，简称"雏鹰东校"）。这注定是一个永远铭刻在我生命中的难忘日子，从这天开始我就和这个小小的校园结下了不解之缘，而且这一结就是 13 年的时光，或者还会有更多的岁月流年。

我，一个普通的教育工作者，心怀教育人的执着，初心如磐。在这座用爱、用坚持、用汗水浇灌的成长乐园里，时间折叠，经历过的许多艰辛和泪水，无数的披星戴月，已然在记忆中慢慢淡去，唯有一份甘甜的幸福味道会在回忆里时时萦绕，如陈酿一杯，绵软清甜，历久弥新。孩子们带着沉甸甸的成长收获，凭借在这里磨练的坚韧翅膀一次次飞向他们更广阔的天空；一个个优秀的为师者带着自己的职业梦想走向他们更坚实的舞台。作为他们的师长，作为他们的伙伴，我就在他们回首就能望见的这个孕育梦想、成就梦想的翔园里静静地守护、默默地祈望，他们会飞得更高，飞得更远……就是生命中的这些梦想和执念，就是生活中的这些人和事成就了今天的我。一直想将这段岁月中的点点滴滴记录下来，用我的笔触将这些值得记录的美好写进文字间，于是才有了读者眼前的这本书。

建校至今，莘莘风华，从建校之初的上下求索，到十年之交的跨越腾飞，再到面向未来的励精图治……雏鹰实验小学走过的路，是一条荆棘与鲜花同在、艰辛与荣耀并存之路。"坚持党对教育事业的全面领导，坚持把立德树人作为根本任务，培养德智体美劳全面发展的社会主义建设者和接班人"是时代赋予我的责任与使命。我和全体雏鹰实验人不忘初心、坚持理想、坚持信念；砥砺前行、坚持追求、坚持操守；以特色求卓越、以创新谋发展，一直走在教育的探索、求知的创新之路上。

"舟大者任重，马骏者远驰"，回首我 36 年的教育之路，"率真、踏实、阳光、较真、犀利、完美"是大家对我的评价，走到今天，靠的是我对教育的执着信念与追求、热爱与坚守。13 年来我以"海的心胸、山的信念"甘心为每一名乐翔少年的未来保驾护航。

万里蹀躞，以梦为归，木槿昔年，浮生未歇！

在这里记录下我平凡的教育之路。谨以此书献给在我成长探索路上给予我支持和包容的领导、家人、伙伴和我亲爱的孩子们！

于庞

2022 年 2 月 22 日

目录

序 ……………………………………………………………………………… 1

自序 …………………………………………………………………………… 3

第一章 "翔"起始——有"幸福味道"的学校 …………………… 1

开启有"幸福味道"的回忆 ………………………………………… 2

打造有"幸福味道"的学校 ………………………………………… 5

塑造有"幸福味道"的教师 ………………………………………… 6

创设有"幸福味道"的课堂 ………………………………………… 9

成就有"幸福味道"的学生 ……………………………………… 17

初探有"幸福味道"的特色 ……………………………………… 19

第二章 "翔"教育——学校发展的设计 ………………………… 24

积淀"翔"教育的学校文化 ……………………………………… 26

构建"翔"教育的课程体系 ……………………………………… 28

强化"翔"教育的课程实施 ……………………………………… 30

品析"翔"教育的办学成果 ……………………………………… 32

第三章 "翔"课程——学校发展的支撑 ………………………… 43

课程的由来——"小翅膀"飞行轨迹 …………………………… 44

课程的实施——"小翅膀"飞行方式 …………………………… 47

课程的根基——"小翅膀"飞行保障 …………………………… 53

课程的评价——"小翅膀"飞行测评 …………………………… 56

课程的发展——"小翅膀"飞行方向 …………………………… 62

第四章 "翔"发展——校园的多彩生活 …………………… 64

科技特色打头阵 ………………………………………… 65

体育特色多举措 ………………………………………… 91

美育特色花绽放 ………………………………………… 101

课程改革强心剂 ………………………………………… 108

第五章 "翔"力量——"双减"——生态的启程 …………… 113

五育并举 "双减"落地生根 ……………………………… 114

教师成长 "双减"有力保障 ……………………………… 129

多样革新 "双减"实施策略 ……………………………… 136

五项管理 "双减"之花绽放 ……………………………… 140

课后服务 "双减"个性需求 ……………………………… 146

家校协同 "双减"合力助推 ……………………………… 149

尾声 …………………………………………………… 159

第一章 "翔" 起始——有 "幸福味道" 的学校

　　教育是一个长久培根铸魂的过程，而教育的本质在于"润物细无声"，好的教育在于关注到每个不同个体的潜能。每个孩子都有无限潜能，激发每个孩子内在潜能是我们教育工作者一场诗意的修行。在雏鹰实验小学，每个孩子都能站高远眺，联通自己的心灵；在雏鹰实验小学，孩子们能在最天真烂漫的时光里，只做自己，自由幸福成长。

　　春日的阳光最为和煦，洒在脸上有种近于抚摸的温柔。同事劝我放下手里的材料出去走走，"今天太阳好大！"楼下有学生在笑，"春天来了！"操场上传来了孩子们欢快的笑声，我望着窗外的风景，又揉揉疲劳的双眼，顿时觉得这春光的确不该被辜负。

　　刚走出教学楼，我就碰见了几个三年级的孩子，他们眼睛亮亮的，异口同声地向我打招呼："校长好！"——又笑着跑开了，活力四射像一道春天的闪电。站在操场，我凝望着孩子们嬉笑打闹的身影，他们在教学楼的映衬下，如同一群花丛里穿梭自如、热闹非凡的小蜜蜂，每个人的脸上都带着笑，无论是谁看了都会心头一暖……我不禁回想起刚到雏鹰实验小学的日子，匆匆到来的我和匆匆建起的教学楼，匆匆忙忙间就这么走过 13 年。

开启有"幸福味道"的记忆

　　2008 年 8 月 27 日，我走进雏鹰东校（建校伊始依托雏鹰小学办学，其为东校区）的第一天，还没建好的大门空荡荡的，满是灰尘的教学楼跃然呈现在我眼前，这样的场景着实让我心头一颤，还有两天怎么开学？这样的校园究竟能来多少学生？学生的桌椅什么时候到……一个又一个亟待解决的问题摆在了我的面前。在开学的前三天，我经历了太多的人生第一次：第一次面临尚在施工的教学楼；第一次站在我面前的只有一位副校长和 9 名教师的团队；第一次走进校园稀稀拉拉的 50 名学生；第一次在空空的教室里进行的没有话筒的开学典礼；第一次面临没水、没电、没桌椅、没有任何电教设备的开学季……10 名教师、50 名

学生，空荡的校园和教学楼，这就是我的全部。但看着教师与孩子们充满期待的眼神，倔强的我为自己立下了五年的发展目标："三年打基础、两年上台阶、五年创品牌，把学校打造成'环境艺术化、硬件标准化、教师专业化、教育品牌化、发展特色化'一体的充满'幸福味道'的学校。"就这样，我和我的 10 名教师开始了艰难的创业之路。

建校伊始，学校的条件真是艰苦啊！教师没有教辅用书，没有最基本的教学设备，粉笔、大黑板、小黑板让我们一下子回到了十几年前的教学条件，但这样的条件并没有难倒我们这样一群有着雄心壮志的人。于是，面对课堂——教师们自制上下课手摇铃与精美教具；音乐课上手脚并用打节奏和录音机来帮忙；课间操纯靠嗓子喊，就这样一节课也没耽误！面对教研——教师自备私人电脑，同课程教师们集体围在一个桌子上看教学视频学习，一次学习也没错过！面对学生——升旗仪式、运动会、艺术节、成语故事大赛、英语能力竞赛，该有的活动一样不少！面对生活——教师们自己买菜做饭、收拾卫生，乐在其中，突发事件所有教师齐上阵，一个也不少！那时的欢笑真是简单而难忘啊！2008 年建校的第一个教师节前夕，学校连续停了几天的水，教师节那天终于下起了大雨，我们用桶和盆接着雨水拖地，洗刷卫生间，我们在雨中跑来跑去。虽然雨水打湿了我们的衣服，但是我们快乐的笑声回荡在整个校园。那一年冬天的雪真多啊！连续 5 场大雪，我和 10 名教师在没有任何外力的帮助下，每一次扫雪都把偌大的操场打扫得干干净净，每一次结束，每个人都全身湿透。

就在这样没有条件我们自己创造条件的情况下，一学年的工作顺

利结束了。这一年，我和我的团队并没有因为条件艰苦而落下任何一样工作；这一年，我们并没有因为学生数量少而减少任何一项活动；这一年，我们并没有因为教师人数少而放松该有的课改与教研。也因为这样，我们的工作受到了区教育局的表扬，让全区都知道了有一所新建的学校叫雏鹰东校！

学校不断发展：

2009 年 6 个班、146 名学生、19 名教师；

2010 年 10 个班、347 名学生、27 名教师；

2010 年 5 月，脱离雏鹰小学，雏鹰东校开始独立办学；

2011 年 15 个班、567 名学生、39 名教师；

2012 年 21 个班、804 名学生、47 名教师；

2013 年 29 个班、1169 名学生、62 名教师。

回望 5 年的风雨路，我与学校领导班子成员一起实现了当时立下"三年打基础，两年上台阶"的目标。在对学校周边、区域历史、环境及主客观条件分析的基础上，对学校发展进行了全方位的思考和设计。

打造有"幸福味道"的学校

经历了起始之年的艰辛，每一天我都在思考，究竟要办一所怎样的学校。看见孩子们脸上洋溢着自信的微笑、看见教师们站在讲台上那份充满成就感的微笑，我坚信"有幸福的教育，才有幸福的人生"。

什么样的校园是有味道的？这样的学校应该有什么样的味道？那一定是孩子们喜欢的！有自己的作品、有自己喜欢玩的、不断更新的东西。在建校过程中，我们积极打造让孩子们喜欢的音乐教室、综合实验教室、温馨的心理咨询室、漂亮的体育馆、宽敞干净的食堂、优雅干净的卫生间等；精心设计走廊文化，通过"自由玩、每月变、亲手栽、我最美"等一系列活动，让孩子们随时随地与环境对话和互动，在举手投足间就能与自己喜欢的环境为伴，这成为校园里最幸福靓丽的一道风景线。

经过 5 年的努力，校园文化建设实现了"一二三四五"的目标：一个主题——幸福的味道；两个园——科学园和生态园；三面墙——

5

科学家名人墙、科技模型墙、班级文化墙；四个空间——创意空间、自主空间、悦读空间、美德空间；五个长廊——科学长廊、科技明星长廊、生本明星长廊、才艺明星长廊、休闲长廊。这些精心打造的场所和设施让孩子们时刻感受着家的温暖：我是这里的主人，这里的任何设施都是我喜欢的，我可以随意地触摸，我能看到我的作品、我的照片。从学生的感受和家长的反馈来看，我们的校园文化建设的确让孩子们处处体会到了一种尊重、信任、欣赏和热爱。在这样一所学校里，每一个孩子都成长在有"幸福味道"的氛围里，在学校每一天的生活都是自豪的、快乐的、充满爱的。

塑造有"幸福味道"的教师

学生幸福地学，源于教师幸福地教；教师幸福地教，源于教师的内心洋溢着幸福地体验。由于是新建学校，所以每一年都要面临教师们来自年龄上、观念上、编制上及业务能力上的差异。每年9月随着一年新生的入学，都会有来自不同学校的教师和其他区派遣教师加入我们这个家庭。我们的教师队伍由三部分组成：原有的教师、每年新转入的在编

教师和每年新入职的教师。来自四面八方的教师，带着各自学校文化的差异，带着不同的教育教学实践和个性认知，还有近三分之一新上岗教师，对我们要创建一支教育理念先进的优秀教师队伍增加了挑战和难度。我深知，在优秀的教师团队中，教师要勇于奉献、要爱岗敬业、要爱生乐教、要爱校如家，这样的团队才是有"幸福味道"的团队。所以我们每年根据教师人数的变化，有针对性地先后建立了温馨之家、魅力之家、幸福之家、快乐之家、活力之家、青春之家；教师过生日送长寿面，"三八节"男教师为女教师送奶茶，"六一"儿童节教职工子女联欢会，端午节送五彩线和鸡蛋，并开展羽毛球赛、纸牌游戏和拓展训练、心理游戏等一系列活动；为教师们精心布置办公室，改造教师卫生间，阅览室配备咖啡饮料，让教师吃好早、午饭（自己选菜谱）。每逢重大节日送上真挚的祝福：久久的健康、久久的快乐、久久的幸福。教师们也自发成立了"风尚"舞蹈队，"风骨"羽毛球队，积极参加学校工会组织开展的"棋盘山——探寻老沈阳足迹""七星山——快乐采摘活动""参观城市规划馆——规划让城市更美

好"等活动,这些活动的开展让教师们不断增强教书育人的荣誉感、责任感和幸福感,同时增强了我为打造幸福团队、建设幸福家庭贡献力量的使命感,为教师合作化教研团队的建立也打下了扎实的基础。

打造一支优秀的教师队伍、关注教师幸福感受,也有益于促进教师专业成长。建校初期的 5 年,学校先后成立了"科技教育研究室""生本教育研究室"和"艺术教育研究室",以研训、教科研一体化的方式开展教研活动,让教师们树立一种新的理念:今天的课堂是以学生为主的课堂,把学习的主动权还给学生、把发展的主动权还给学生。在这方面我们尝试了许多好的做法:一是专题讲座,更新理念。组织全体教师聆听广州教科所梅馨老师做的《寻求绿色的可持续发展的教育》报告;广州的小学校长刘映陶和中学校长高广元的生本教育实践之路漫谈;聘请祁彧副校长、教研员牛娟老师进行专题讲座;学校领导为教师们做专题讲座。二是生本课堂,构建框架。在实验初期,我们先行探讨生本课堂的框架,在区师校教研员的帮助下,总结归纳了语文、数学课的基本框架,明确了教者是课堂的组织者、引导者、参与者,将课堂还给学生,让学生成为课堂的主人。三是观摩研讨,骨干引领。学校开展了"让课堂充满生命的灵动""我与课改同行""共建生本幸福课堂"等一系列研讨活动;作为铁西区小学唯一一所教师

进修学校研训基地，各学科教研员经常到我们学校听课、评课，与教师近距离互动教研，培养了我校的课改骨干。四是目标需求，阶梯发展。梳理教师专业发展中不同目标需求，我们制定了阶梯式队伍建设计划，加强校本培训的系列性和多样性，主要是走出去、带回来；选派优秀的教师带着任务出去参观学习，回来后把所看、所学、所想、所悟，通过讲座或者"引路课"进行展示，做到"一人培训，多人受益"；同时加强对青年教师的培训，实施"一年入门、两年成型、三年成才"的培训模式，为青年教师成才创造条件；学校还举行了三届拜师会，即实施"青蓝工程"，形成了阶梯式教师专业队伍。

建校 5 年来，我们教师队伍中涌现出沈阳市名师 1 名，铁西区名师 1 名，市区骨干教师 19 名，国家、省、市、区优课 36 人次。教师在收获能力提升的骄人成绩时，他们同样体会到了自身成长的幸福，老师幸福的教着、学生幸福的学着。

创设有"幸福味道"的课堂

谈"幸福味道"的教育，无论是教师专业发展、校园环境建设、课程改革等都要回归课堂，回到孩子们的身上，只有课堂上孩子们身心健康、充满自信、快乐学习，我们的教育才是成功的，也才是有着幸福味道的。2009 年的春天，在学生少、教师少，教学设施简单等诸多困难下，我们有幸接触到"生本教育"理念，并从这个难忘的春天开始，我校开展了"基于生本、自主高效"课堂教学模式的探索。仅半年的时间，我就带领当时 2 名班主任、7 名科任教师率先在铁西区进行了课程改革——"生本教育"实验。

《生本课堂教学评价表》
（初级版）

姓名			学科		班级	
时间			评课人			
A指标	B指标	C评价指示				分度
教学设计（25）	教学目标（10）	1. 符合学科课程标准和教材的要求及学生实际。（5分）				
		2. 体现相应科技目标，促进学生科学素养的形成。（5分）				
	教学内容（15）	1. 知识结构合理，突出重点、兴趣点，难易适度。（5分）				
		2. 体现"以生为本"的课程教学模式，合理设计学生的学习过程。（5分）				
		3. 正确把握学科知识、思想和方法，注重教学资源开发、联合和利用。				
教学实施（55）	教学过程（33）	1. 根据学科特点创设有助于生生对话、师生对话、沟通的教学模式，营造民主、和谐、互动、开放的学习氛围，激发学生学习兴趣。（10分）				
		2. 促进学生主动、合作学习，组织多种形式探究、讨论、交流等活动，培养发现和解决问题的能力。（10分）				
		3. 激活学生思想，能大胆质疑问题，发表不同意见，以学生问题为出发点，形成动态生成的教学过程。（10分）				
		4. 现代教育信息技术应用适时适度，实验设计、演示、操作、指导科学、准确、熟练。（3分）				

教学实施 （55）	学生活动 （15）	1. 参与态度：热情高、主动参与，自主学习意识强，善于独立思考。（5分）	
		2. 参与广度：全班不同层面的学生参与学习的全过程，有充分参与的时空和有效的合作。（5分）	
		3. 参与深度：学习内容感受体验由浅入深，学生能提出有意义的问题和新的见解。（5分）	
	教师素养 （7）	1. 有较强的组织协调能力、应变能力和即时评价能力，有教学创新精神，有良好独特教学风格。（5分）	
		2. 语言生动、准确，教态亲切有感染力，板书规范。（2分）	
教学效果 （20）	三维目标 达成度 （20）	1. 能使大多数学生学习积极主动，获得的知识扎实。（10分）	
		2. 在学会学习和解决问题过程中形成一定的能力和目标。（5分）	
		3. 学生的情感、态度、价值观都得到相应的发展。（5分）	
总分			

为了转变老教师固有的、陈旧的教育理念，学校从理论培训→视频学习→教法分析等过程，彻底改变教师的教育观念，同时购买郭思乐的《教育激扬生命》一书供大家进行学习。当教师对生本教育理念从心底接受并有了一定的认知之后，我们开始了"生本教育"课堂教学模式的探索与尝试，从模仿生本课的结构和特点做起，掌握了一定的教学方法后进行不断磨课与研课，课堂教学方式发生了根本地转变。在2010年仅有的6个班级中，以林峰、秦晓丹、张丹、马艳为代表的教师成为学校乃至全区"生本教育"的领跑者，在区进行"生本教育"课堂观摩，起到了示范引领的作用。

《生本课堂教学评价表》
（1.0 版）

姓名		学科		班级		
时间			课题			
评价指标	评价要素	评价标准			权重	得分
教学设计	教学目标	1. 符合学科课程标准，符合学生实际。			5	
		2. 体现相应科技目标，促进学生科学素养的形成。			5	
	教学策略	1. 激励性策略：真实客观、正向激励。			5	
		2. 指导性策略：以学定教、因材施教。			5	
		3. 研究性策略：问题意识、研究意识。			5	
教学实施	教学过程	1. 教学思路清晰，课程结构严谨，教学密度合理。			5	
		2. 传授知识的量和训练能力的度适中，突出重点，分散难点，抓住关键。			5	
		3. 课堂气氛向上、轻松、和谐，课堂有序、灵活、机智，能够面向全体，引导学生积极参与。			5	
		4. 体现知识形成过程，结论注重自悟与发现。			5	
		5. 现代教育信息技术应用适时适度，实验设计、演示、操作、指导科学、准确、熟练。			5	

教学实施	学生素养	1. 参与状态：积极主动参与，学习兴趣浓厚。	5	
		2. 自主状态：乐学善学，理性思维，能够整合信息，总结经验，勇于探究。	5	
		3. 合作状态：组织有序，责任担当，乐于分享，讨论热烈，帮扶到位，按时完成学习任务。	5	
		4. 展示状态：大胆自信，能用自己的语言简洁有条理地表述，并敢于提出有意义的问题和见解。	5	
	教师素养	1. 有较强的组织协调能力、应变能力和限时评价能力，有良好独特的教学风格。	5	
		2. 能关注、关爱学生，尊重学生主体地位，满足不同层次学生的学习需求。	5	
		3. 语言生动、准确，教态亲切有感染力，板书规范。	5	
教学效果	三维目标达成度	1. 知识技能：掌握新知、形成技能、学以致用。	5	
		2. 过程方法：学会解决问题的方法，形成有效的学习策略，养成良好的学习习惯。	5	
		3. 情感态度：关注学生健康情感的培养，使学生从内心确立起对真、善、美的价值追求，以及与自然和谐相处及可持续发展的理念。	5	
分数合计				

"生本教育"的日益成熟，让"生本教育"课程改革在我校落地开花。首批"生本教育"实验的成功者唤醒了其他教师的参与热情，激发了大家对新的教育理念的热情，至今他们还是学校"生本教育"中的佼佼者。我们制定了《雏鹰东校教学工作考核评价方案》《雏鹰东校课堂教学评价量表》，认真解读区"基于生本、自主高效"的教学策略，对实施策略的各环节进行落实性研究，例如：引学案编制应注意的问题、四人小组的构建、如何进行小组合作、不同年级小组合作的方式、如何倾听和交流、班级反馈中教师角色等，都是逐一进行研究和实践。

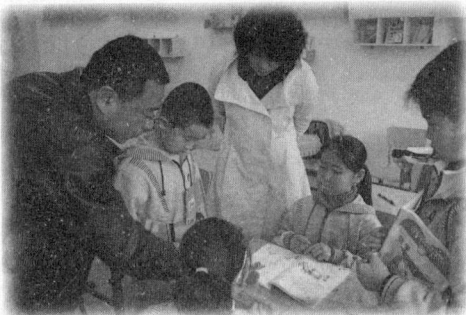

《"智翔"生本课堂教学评价表》
（2.0版）

姓名		学科		班级		
时间			课题			
评价指标	评价要素	评价标准			权重	得分
教学设计	教学目标	1. 符合国家课程标准，体现地方课程特点，满足教材要求与学生实际。			5	
		2. 体现相应教学目标，促进学生核心素养的形成。			5	

续表：

教学设计	教学策略	1. 激励性策略：真实客观、正确激励。	5	
		2. 指导性策略：以学定教、因材施教。	5	
		3. 研究性策略：问题意识、研究意识。	5	
		4. 资源性策略：资源意识、拓展意识。	5	
教学实施	教学过程	1. 教学思路清晰，课堂结构严谨，教学密度合理。	5	
		2. 传授知识的量和训练能力的度适中，突出重点，分散难点，抓住关键。	5	
		3. 课堂气氛向上、轻松、和谐，课堂有序、灵活、机智，能够面向全体，引导学生积极参与。	5	
		4. 体现知识形成过程，结论注重自悟与发现。	5	
		5. 现代教育信息技术应用适时适度，实验设计、演示、操作、指导科学、准确、熟练。	5	
教学实施	学生素养	1. 自主状态：乐学善学，理性思维，能够整合信息，总结经验，勇于探究。	5	
		2. 合作状态：组织有序，责任担当、乐于分享、讨论热烈、帮扶到位，按时完成学习任务。	5	
		3. 展示状态：大胆自信，能用自己的语言简洁有条理地表述，答疑解惑正确，征求意见谦虚，质疑研讨诚恳，评价客观公正。	5	

续表：

教学实施	教师素养	1. 有较强的组织协调能力、应变能力和即时评价能力。有良好独特的教学风格。	5	
		2. 能关注、关爱学生，尊重学生主体地位，满足不同层次学生的学习需求。	5	
		3. 教学基本功扎实，知识储备充足，具有一定的人文底蕴。	5	
教学效果	三维目标达成度	1. 知识技能：掌握新知，形成技能，学以致用。	5	
		2. 过程方法：学会解决问题的方法，形成有效的学习策略，养成良好的学习习惯。	5	
		3. 情感态度：关注学生健康情感的培养，使学生从内心确立起对真、善、美的价值追求，以及与自然和谐相处及可持续发展的理念。	5	
分数合计				

16

生本课堂让学生有一种与以往不同的奇妙"经历":经历自己发现、研究、解决问题的过程,经历一种体验和成功,对孩子而言,这就是幸福。

成就有"幸福味道"的学生

我们的学校是一所有"味道"的学校,如果你问我,那是种什么样的"味道"呢,走进我们的学校,你一定会找到想要的答案——有"幸福味道"的学校。这里有着"幸福味道"的校园环境、"幸福味道"的教师、"幸福味道"的课堂和"幸福味道"的办学特色,有了这些幸福元素作为基调,我们的孩子就是最幸福的。2013 年 11 月带着 5 年来初战告捷的丰硕果实,我代表雏鹰东校在铁西区素质教育展示周上以《办有"幸福味道"的学校》为题,和全区的教育领导、教育同仁们分享了雏鹰东校幸福五年的成长历程。在分享中,关于学生的幸福点滴,让我记忆犹新:

满足多样化个性化学生的学习需要,使每个学生在丰富多彩的校园活动中找到自己的发展空间,共享快乐和幸福,这是我们时刻都散发着"幸福味道"的学校教育的一项重要工作,也是多样、开放、灵活教育的一种方式体现。我们主要从两方面入手:一方面,成立快乐社团,让学生在参加社团活动中寻找幸福、体验幸福。1169 名孩子,一定有人喜欢美术、有人喜欢体育、有人喜欢音乐、有人喜欢科技,那我们就尽可能地满足不同孩子的兴趣需要,学校按照家长的意见和学生的需求,成立围棋、舞蹈、羽毛球、篮球、国际象棋等 30 个社团。学生在各类各级比赛中已有200余人获奖,几乎每一名学生都收获了成功的喜悦;另一方面,我们充分利用校园节日的时机创造幸福、收获幸福。学校开创性推出了"校园节日"活动方案,巧妙地将每月德育

主题教育活动纳入"校园节日"的整体安排中,开办了"开学节""微笑节""读书节""收获节""乐活节"等。在此基础上我们还将每周由班级承办的主题升旗仪式作为"校园节日"的延伸和深化,为每个学生提供展示自己才能、体现自身价值的舞台,并通过幸福主题的不同设计,让学生从准备过程中就动脑筋想点子、动手查资料、集思广益、写稿子编队形,完全融入幸福的创造中和集体的荣誉感之中。我们也有效发挥家长们的作用,哪个班级承办的升旗仪式就邀请全班家长参加,让家长们分享自己孩子的成长幸福。

初探有"幸福味道"的特色

什么样的特色教育会充满着幸福的味道？我的体会是，要"把儿童放在正中央"，要孩子们不仅喜欢，还能人人参与、人人受益。按照这个思路，学校领导班子在2010年9月，结合学校自身特点，确定了把科技教育作为学校办学特色纳入学校整体规划之中。我们首先从营造科技环境入手，先后打造"会说话"的互动式科技环境和氛围，探索面向全体学生的常态化科技活动模式，构建基于学科整合的立体化科技课程体系，在培养可持续化发展的点面结合师资队伍上下功夫。接着学校教师成立了科技教育研究室，在学科带头人王景秋老师的带领下，创编了科技校本系列教材，开设了魔方、飞碟杯、航空、航模等校本课程，开设了机器人、小发明小制作、动植物养殖小组、七巧板等科技社团，受到了学生们的热烈欢迎，先后涌现出了百余名小能

人；3 年的科技特色教育实践中，我校在全国、省、市各级各类科技比赛中共有 300 余人次获奖。我们还举全校之力，每两年举办一次科技节，辽宁省科学普及网、辽宁日报、沈阳日报等多家媒体对学校科技特色给予了热情地关注，进行了专题报道。我校更是先后被评为辽宁省科技示范校、

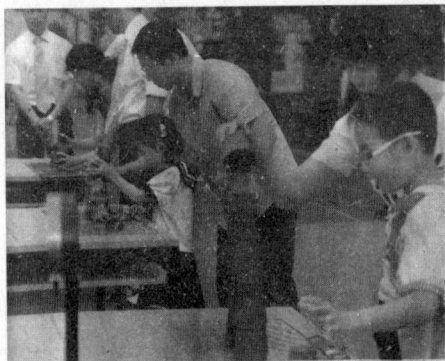

6月4日，铁西区雏鹰东校举办校园科技周活动，师生和家长一起参与生活各小发明小制作，增强学生的生活经验和实践能力。

本报记者 杨新跃摄

辽宁省青少年科普教育基地、辽宁省航空雏鹰计划推广校和沈阳市科技教育特色学校。不断地求知探索，让我们的学校在各项活动和比赛中崭露头角，科技教育的办学特色也让社会各界都知道了铁西区有一所年轻的学校叫雏鹰东校——一个即将腾飞的学校。

2013 年的时候我被评为沈阳市优秀校长，拿到证书的我后知后觉，原来我已经带领雏鹰东校走过了 5 个年头，5 年间学校的变化如此之大，不辱使命的光荣好像深夜里的一杯咖啡，饮之令人全身都暖洋洋的，同时却也让我清醒地看到

荣誉证书
HONORARY CREDENTIAL

于 麾 同志：
被评为沈阳市优秀校长
二〇一三年九月

自己逐渐增多的白发、习惯逐渐减少的睡眠，不禁感慨万千。对生活的热爱，也让我更热爱这神圣的事业，这份事业也赋予了我认真工作、坦荡生活的品格。尽管流了很多委屈的泪水，但我仍在坚守，坚守不仅仅是对这份事业的热爱，也是对幸福的感受与憧憬，更是对幸福味道不变的依恋……

5 年来，学校教师和孩子们带给我太多的美好与幸福，太多的惊喜与快乐，这份幸福应该永远地记录下来，这份幸福应该化作文字永化远地留存，为了让全校师生深切感受到课改带给学校日新月异的变

化和师生们幸福的感受，在 2013 年我们编撰出版了收录学生优秀作文的《风铃集》，记录教师教学感悟的《风雅集》，让幸福的味道从笔墨间流淌，这也是学校领导班子送给全体教师和孩子们最好的礼物。也是从那一年起，我们坚持每两年出版一次《风铃集》《风雅集》，在第一本中我送给全体教师和孩子们这样两段序言：

《风铃集》序言

谨以《风铃集》献给与雏鹰东校共同成长的我最亲爱的孩子们！

屋檐下悬挂的精巧铃儿，有风吹来的时候那悦耳美妙的声音，是美丽春天的呼唤。雏鹰东校五周岁生日了，我们摇响一串串风铃，汇集一份份纯真和热爱，制成了这个精美、特殊的生日礼物——作文选《风铃集》。

她记录了雏鹰东校里孩子们的欢欣与幸福，咏颂着校园里的精彩时光和倘佯的梦想。当我手捧这本作文选，不禁欣喜万分、百感交集。五年中，孩子们从稚嫩、懵懂的儿童长成风度翩翩的少男少女，从建校时的 50 名小伙伴到今天的826 名好朋友，我们同风雨、共努力，一同把学校打造成了"幸福的家园"。《风铃集》收集的 81 篇学生习作，分为"七彩童年""我的梦想""童诗拾贝""美丽校园""读后感"5 个篇章。这些习作有参加竞赛临场发挥一气呵成的，有日常生活的点滴记载，也有大胆想象的美丽诗歌。篇篇稚嫩的文章，记录了孩子们人生起航中最坚定、帅气的第一步，记录了孩子们内心世界的善良、感悟，也记录了雏鹰东校由"小雏鸟"到"翱翔雄鹰"的华丽转身。每天走在校园里，校园处

处洋溢的勃勃生机让我感怀："生态园"有孩子们流下的汗水、"科技园"有孩子们曼妙的创想、"社团中心"有孩子们梦想的舞台、"校园节日"有孩子们展示的空间……校园因为孩子们灿烂的笑容而美丽，因为孩子们一次次成功而生动。

英国著名剧作家王尔德说："孩子变好的最佳方法是给予他们快乐。"我们秉承着立足学生全面发展，培养学生自主学习能力，塑造健康个性，为孩子一生发展奠基的办学思想，打造一所学习型、书香型的现代化学校，让雏鹰东校的孩子们在这里快乐学习，健康成长。

这本作文选《风铃集》系列一还很不成熟，我们将会逐渐完善，陆续推出系列二、系列三……那么就让我们幸福守望，共同书写，共同创造，共同期待吧！

2013 年 5 月 15 日于校园

《风雅集》序言

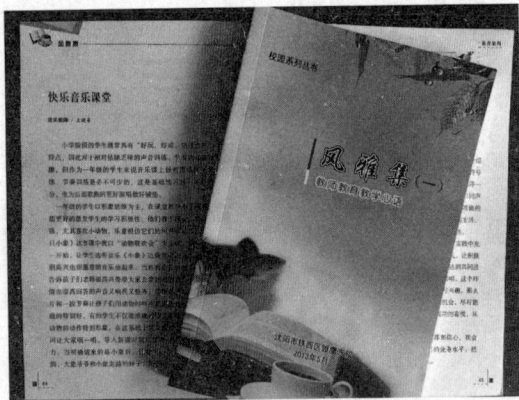

谨以《风雅集》献给与雏鹰东校共同成长的勤奋智慧的教师们！

端杯清咖，翻开这本《风雅集》，扑鼻而来一阵浓郁的花香，沁人心脾。笔探风雅无穷意，始是乾坤绝妙章。《诗经》中的"风""雅"，是艺术的创作精神，它表现出的关注现实的热情、强烈的道德意识、真诚积极的人生态度，被后人概括为"风雅精神"。之所以选用《风雅集》这个名称，我想也是雏鹰东校全校教师"风雅精神"的展示，更是我们大步提升学校形象，打造"以人为本，建设幸福家园"，我们的学生"快乐学习，健康成长"，我们的教师"幸福工作，乐享生活"的真实写照和记录。

这本《风雅集》汇集了生本学堂、教学案例、学科纵横、教学设计四部分 40 篇文章，从中我看到了教师们的自信与思考。鲜活的素材、生动的描述、鲜明的见解，来源于教育教学中的积累和探索，来源于对生活品质的追求和热爱，来源于对事业无限的爱和对学生无限的情，是辛勤园丁们的实践、反思、再实践、再反思的过程，是思维的火花反复撞击的过程，更是教育教学中绽放出卓尔不群奇葩的过程。

鲁迅说："伟大的成绩和辛勤劳动是成正比例的，有一分劳动就有一分收获，日积月累，从少到多，奇迹就可以创造出来。"学校 2008 年成立初期，只有 50 名孩子和 12 名教师，随着学校办学理念、办学目标、办学特色的逐渐形成，办学条件的逐年改善，一群有梦想、有追求的教师选择了雏鹰东校，也选择了艰苦创业，选择了共同担当。2009 年的春天，我有幸接触到"生本教育"理念，这成了适应教育规律、适合学校发展的办学理念。从这个难忘的春天开始，通过开展"基于生本、自主高效"的课堂教学模式的探索，我们将"生本教育"的理念贯穿于课堂教学中，逐步形成了独特的课堂教学风格。孩子们自主学习的能力逐步提高，教师的教育教学能力和科研能力逐步彰显，教师用朴素的工作作风、严谨的工作态度、勤奋的工作精神、科学的工作方法、踏实的工作业绩，使学校声誉得到了社会各界的广泛认可。现在我们拥有了 826 名学生和 47 名教师，市区骨干教师 20 人，国家级优秀课 5 节，市级优秀课 6 节……我为这些勇于攻坚克难、乐观向上、钻研教改乐此不疲的伙伴们感到骄傲和自豪！这是一股幸福的暖流，让我在困境中坚强；这是一份坚韧的守望，让我在成长中追求风雅。如果说散发醉人馨香是花的成长感言，弹奏叮咚乐曲是水的成长感言，那么这本跳跃着年轻人思绪的《风雅集》则是全体教师跋涉路上奋力进取、日日成长的柔美而刚强的感言！

2013 年 5 月 17 日深夜于家中

第二章 "翔" 教育——学校发展的设计

在尚未接触教育行业的时候，相信大家同我一样，都会憧憬着自己将会如何扮演好一个教育者的角色，引导孩子茁壮成长。每个孩子都如同一张崭新的白纸，摊开这个空白的画卷在我的面前，让我的责任感徒然剧增。伴随学校一路走来的五年，我深深感受到，在场边加油喊口号的同亲自下场比赛的感觉全然不同，所以作为一个教育工作者，我尽可能在听取别人意见的同时，保留自我的初心，做好修渠人。我愈发认识到坚韧的品格是我们每个人成长道路上最好的铠甲和护盾，它能够使我们不畏惧环境的恶劣、不畏惧路途的艰辛、不畏惧远方的未卜，始终以一颗顽强向上的心去拥抱生活。一所学校的发展，她的根和魂在哪里？她的课程哲学在哪里？她的引领方向在哪里？是我在完成五年目标之后的又一个需要突破的课题，也是我和我的团队又一次新的启程。

每个学校的文化定位一定有她所遵循的原则与渊源，建校之初，学校依托于铁西区雏鹰小学，还没有形成自己独特的校园文化。学校脱离雏鹰小学独立办学初期，由专家团队对学校文化建设进行了顶层设计，提出了"让师生翱翔在梦想的天空"的办学理念，将学校发展文化价值定位于"翔教育"。

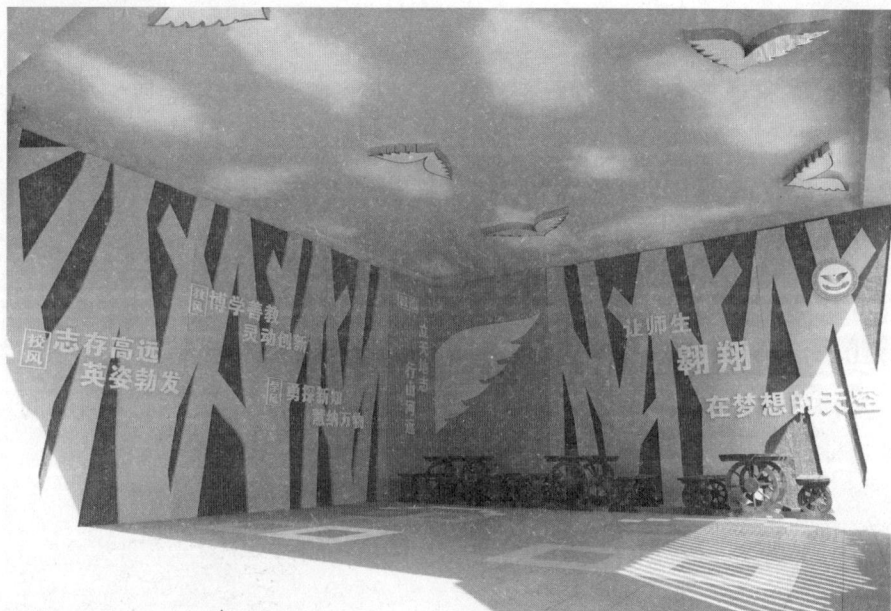

翔，本义指振翅顺风滑行；同本义，回飞也，振翅顺风滑行一段距离后离开气流，再拍动翅膀回飞到原地重新进入气流滑翔。

翔，是一种态度，它永远在路上、永远在前行、永远在求索；

翔，是一种高度，翱翔于蓝天之下，飞升于高山之巅；

翔，是一种深度和宽度，宇宙无穷，翔无止境；

翔，是一种气度，气度决定格局，气度成就未来；

翔，是一种速度，人生有限，时不待我。

"翔教育"以"翔"为主线，以"跌撞磨砺、厚积薄发、丰羽试飞"为始，从"披荆斩棘、乘风而起、腾空飞翔"为途，将"在天空中展翅鹏程、自由翱翔"定为成长的目标，为每一个走进雏鹰实验小学的学子量身定制一个属于自己的成长规划，让他们在六年的"翔园"生活

25

里，能够树立远大的理想，确定前进的目标，找到自信、学会本领，磨炼坚韧不屈的性格。为了赋能这段学生最重要的打基础时光，我们在专家的指导下，从学校创办伊始的建校精神"攻坚克难、拼搏进取、彰显特色、追求卓越"中孕育生发出新的雏鹰实验小学"翔"精神，提炼形成了"翔教育"理念，并将其贯穿于学校的整体工作，"翔文化"内化于心、"翔精神"外化于行，十年磨砺，"翔教育"为学生开启生命之门，陪伴学生领略生命蓬勃之美。紧紧依托"翔教育"理念，让每一名乐翔少年都有一双飞翔的翅膀，牢牢秉承着"翔"坚韧执着的精神，追逐梦想，振翅天穹！同时我们的翔园也在发展壮大：

2014年35个班、1447名学生、79名教师；
2015年40个班、1681名学生、91名教师；
2016年41个班、1774名学生、98名教师；
2017年48个班、2050名学生、111名教师。

积淀"翔"教育的学校文化

学校文化是深化课程改革的灵魂所在，只有把课程改革深植于学校文化之中，才能推动课程改革纵深发展。在学校的不断成长和发展中，逐步凸显出一个学校发展之命脉的根与魂——"翔教育"。

一是建设"翔"校园。

在厚植"翔教育"文化的过程中，我们首先打造"翔教育"校园文化环境，建设了"一带一路""一园二林一石""一廊一阁三亭"及"一四四"的主题文化；其次通过给59个

班级起班名、设班徽、建班训等活动，打造"翔教育"班级文化，知晓班徽、校徽的寓意，了解学校吉祥物"梦梦、想想"，校树"银杏树"的意义所在；再次让全校每名师生熟知 16 个字的"翔"精神内容，并通过自身的日常践行，逐步打造"翔教育"的个体文化。通过三个层面的逐步完善，使"人人有翔精神，人人有翔品质"的文化氛围日渐浓厚。

二是实现"翔"管理。

用"翔教育"的核心价值观管理团队，树立具有"翔教育"文化精神符号的雏鹰实验小学教师形象，建设一支理念先进、师德高尚、业务精良、结构合理的教师队伍。一是营造民主和谐氛围。学校评优选先、职称晋级、基建项目都会先通过教代会，形成了事事有人管、人人都管事，用心用情管理的良好局面。二是每月"凝心聚力"的工会活动和最美教师评选活动，每年一次"翔之星"的教师颁奖活动，生日会、教师拓展训练等一系列贴心活动，让广大教职工切切实实感受到

"翔园"家的温暖与幸福。三是研建"翔教师"发展坐标，探索教师成长路径，采用"私人定制化"分级培训定向发展的师训模式。

三是形成"翔"精神。

面对建校之初的艰苦和挑战，一所"梦想伴成长、师生共飞翔"的充满"幸福味道"的学校逐步形成。经过13年的积淀，雏鹰实验小学已发展成具有"翔教育"特色的高品质学校。学校形成了"让师生翱翔在梦想的天空"的办学理念，"立天地志、行山河远"的校训，"志存高远、英姿勃发"的校风……这些不是简单地书写在墙壁上的文字，而是时时刻刻融入师生的行为中，镌刻在师生的思想里，成为引领雏鹰实验小学成长进步的文化精神。

构建"翔"教育的课程体系

科学一体化的全方位顶层设计是学校课程构建整合的指南针和路线图。

1. **课程目标**

学校课程顶层设计以校情分析为基、以办学理念与育人目标为魂、以课程体系架构为骨、以课程实施与评价保障为血肉、以核心素养为导向的课程重构，积极开辟"翔教育"课程架构的新路径。在廓清学校课程哲学、明确课程构建方向的过程中，我们厘清顶层设计的系统逻辑：第一级将办学宗旨放于学校教育哲学的顶端，确立"过一种幸福完整的教育生活"的办学方向；第二级是将"让师生翱翔在梦想的天空"作为办学理念，以"立天地志、行山河远"为新校训；第三级是明确追求学生"幸福学习，健康成长"、教师"幸福工作，乐享生活"的办学目标；第四级是课程体系，着力"让孩子们羽翼日渐丰盈、生命自然舒展的'翔教育'课程体系"在原有基础上焕然新生，从而解决如何培养人的问题。

2. 课程架构

进入"素养时代",众多研究将核心素养视为课程发展的 DNA。于是,我们不断深入发掘校名"雏鹰"这个名字中所蕴含的文化内涵:"雏鹰"象征着每一个孩子具备鹰一样聪明睿智、坚韧顽强的性格特质,正是因为拥有矫健有力的翅膀,才能飞翔得更高更远。因此,在踏踏实实落实好国家课程、地方课程后,我校以"翔教育"作为课程哲学,以"让每一个孩子拥有飞翔的翅膀"作为课程理念,实践"敢追求、善反思、重积累、会创造、健身心、乐生活"六大课程目标,把课程体系划分为"乐翔德育课程、弘翔文化课程、智翔特色课程、博翔社团课程"四项核心课程。《乐翔德育课程》侧重核心素养中的责任担当和实践创新,《弘翔文化课程》对接人文底蕴和学会学习的达成,《智翔特色课程》侧重科学精神的培养,《博翔社团课程》指向健康生活的养成。每一项核心课程细化为不同的课程群,各课程之间相互联系、互相补充、相互促进,在不同情境中整体发挥作用,使每一项课程具有更强的生命力。

课程名称	"小翅膀"校本课程			
课程理念	给儿童一双飞翔的翅膀			
课程哲学	翔 教 育			
课程目标	敢追求、善反思、重积累、会创造、健身心、乐生活			
课程内容	弘翔文化课程	乐翔德育课程	智翔特色课程	博翔社团课程
	文化-翔课程 校树-银杏课程 入学季课程 毕业季课程 共育课程	"五爱"课程 生命课程 实践课程 节日课程	足球课程 篮球课程 科技创新课程 群文阅读课程 经典诵读课程 主题式实践活动课程	非遗类社团 科技类社团 体育类社团 美术类社团 音乐类社团
课程实施	必修课程 实践学习 探索学习	必修课程 场馆学习 仪式学习	必修课程 学科实践 赛事学习	选修课程 走班学习 社团学习
	入学、毕业季 国家课程课时 班本课程课时	升旗仪式 国家课程课时 班本课程课时	寒、暑假期 国家课程课时 校本课程课时	社团课程课时
课程评价	表现性评价-活动展示 满意度评价-家校互动	过程性评价-实践活动 评选性评价-展示交流	模块化评价-素养测评 赛事性评价-竞赛展评	展示性评价-汇报展演 评选性评价-作品展评

强化"翔"教育的课程实施

课程实施是落实育人目标、实现课程目标的核心。学校通过三方面实施策略，不断凸显"翔教育"特色。

第一方面、课堂教学个性化实施。

课堂教学是育人的主渠道，是培养目标达成的主阵地，"坚持上好每一节课"是我们永远的追求。我们根据学生的认知规律、年龄特点，构建了"翔课堂教学模式"，以确保每节课都较好地渗透翔文化。"翔"课堂主要有三个环节："两导三学四展探"。"翔"课堂的突出特点是建立"以学习者为中心"的新型教学关系，注重学习内容与生活实践相联系，采用动手操作、参与体验、自主探究等学习方式，让学生爱交流、乐于玩、深思考。

第二方面、学科课程整合化实施。

目前的学科课程存在内容雷同、碎片叠加等问题，我们通过整合化实施的策略破解这些难题。一是学科内融合，进行语文主题融合阅读、数学单元融合学习、美术主题融合创作等尝试，变碎片化教学为结构化教学。二是学科间结合，进行数学与美术、语文与音乐、音乐与美术等学科

间的结合，变单一学科教学为学科共享教学，如中年级数学《小小设计师》与美术《巧用对称形》，学生们运用数学与艺术、生活之间的联系，设计了学校十周年成果展专属会徽。三是跨学科弥合，年俗之旅（融合语文、数学、美术学科）、快乐种植（融合科学、数学、音乐学科）研究，变学科教学为项目学习（假期科技作业）。

第三方面、校本课程综合化实施。

校本课程实施以"丰富经历"为核心，从教师设计、社会共建、学生体验三个维度展开，借五个平台（校园节庆、社会实践、校园赛事、社团活动、研讨观摩）实践。一是普及与提高并举。如篮球、足球，在国家课程校本化全员实施、建立社团基础上，成立"翔之勇"篮球队、足球队。二是亲历与拓展并重。例如经典的"研学课程"，每个年级每学期都有制定实践活动课程，在自由组建学习共同体、制定并实施研学计划、用不同方式展示研学成果中，丰富成长阅历；研学中制作古生物模型、体验交通安全、感受老工业基地的过去与未来，无不拓展了"翔少年"的视野。

一所学校厚重的底色不在于办学时间的长短，而在于拥有强烈的文化自信。进入学校，我不大喜欢看墙上的"文字"，多年经验告诉我，文化不在墙上，很多时候墙上的"文字"越多，学校的文化含量越低。道理很简单，大量文字堆放在墙上，说明这种文化还没有得到老师们普遍认同，更谈不上内化于心、外化于行，缺乏影响力，还没有被大众广泛接受，所以才需要宣示和传播。一所学校是否拥有自己的教育哲学，是否拥有自己的教育信仰，那才是她的"底色"。

品析"翔"教育的办学成果

2018年5月30日，在甜甜的暖风中，整个校园都沉浸在欢度"六一"国际儿童节的欢乐气氛里，雏鹰实验小学庆祝"六一"国际儿童节暨办学成果展示会在校园内隆重召开，这是雏鹰实验小学的第一个10年，时任沈阳市委常委、铁西区委书记李松林，沈阳市教育局副局长赵仁君，辽宁省教育厅义务教育处处长宋升勇，清华大学工程教育研究中心副秘书长、北京惠众教育研究院院长石邦宏，以及沈阳市教育局各处室领导，辽宁省基础教育教研培训中心、沈阳市教育研究院专家学者，北京和江苏的教育专家及学者，全区小学校长、主任，多家新闻媒体工作者和学校家长委员会成员参加本次盛会。

伴随自信与坚韧长大的孩子是幸福的，让孩子自由舒展的教育是美好的。雏鹰实验小学的孩子们就在弥漫着幸福味道的校园中快乐地成长，享受着教育的美好。庆祝活动中，孩子们的"博翔课程"展示活动令到会嘉宾深切感受到他们童年的灿烂；气势恢宏的大鼓、激情四射的篮球操表演为这场欢娱的盛宴拉开了帷幕。活动区域的"博翔课程"社团展示，让来宾们在孩子们的多才多艺的展示中流连，或写或画、或弹或唱，沉浸艺术表现中的孩子们自信坚定、恣意果敢，令人激动，观之难忘。国画社团、湿拓画社团、丙烯画社团、剪纸社团、书法社团、软陶社团、紫砂社团、机器人社团、动感酷车社团、航模社团、古筝社团、紫砂社团……参与展示的孩子们个个情绪激昂，表现形式多样，作品精致传神，演出灵动美韵。主会场"博翔课程"的动态展示更是让所有来宾感到震撼，孩子们展示的啦啦操、管弦乐、合唱以及教师舞蹈团的舞蹈充分体现了雏鹰实验小学构建的"翔课程"体系带给学校发展的无限空间，带给师生成长的无限幸福。让所有来宾眼前一亮的还有1~6年孩子表演的科技操，从飞叠杯、魔方、魔尺到九连环、华容道，这些益智玩具对于别的孩子可能是特长，而对于雏鹰实验小学的孩子们来说就像必备的生活技能。灵巧的手上下翻飞，眉宇间溢满骄傲与自信，配合古诗词及弟子规的背诵，传统与现代完美结合，成了会场上最美的画面、最动听的声音。

孩子们精彩绝伦的演绎，震撼着现场的每一位参会嘉宾，李松林书记在大会现场发表了热情洋溢的致辞。在致辞中，他欣喜地对学校10年的发展和我们10年的奋斗与付出给予了充分的肯定：

"参加这次活动，应该说感触很深。10 年前，我在区政府工作的时候决定建这所小学，当时建这所小学的初衷就是满足城市化扩大的基本需求，就是把一个普通的小学呈现给社会，使这个小学能按照基本的规矩、普通的要求、健康的进步，使孩子们得到健康的成长，仅此而已。没有想到，10 年以后，这所学校如此之美丽、如此之大气、如此之多彩，这么多可爱的孩子能够健康成长，令我们看到之后心悦诚服、心花怒放。所以在这里，我对为这所学校做出了重大贡献的各位老师、教育工作者和社会方方面面的支持表示衷心的感谢，也对于以于麾校长为班长的党支部和行政班子以及全体教职员工的努力表达衷心的敬意。"

李松林书记更在现场对各类社团孩子们的自信展示和舞台上各代表队孩子们的精彩表演，衷心表达了自己的赞誉之情："时间很短，看得很片面，但是窥一斑而见全豹。在操场上，数百个孩子拍起球来那么娴熟，绝不是即兴之作。看了今天舞台上的演出，尽管是少数，但是它背后隐藏的一定是更多的积聚，才能够体现在台上这几分钟之间的自然之美、自信之美。更重要的，我们经常讲到的德智体美劳全面发展的教育理念和教育内涵，已经在中小学全面展现，所以我才能够说出刚才讲到的心悦诚服。特别是看到孩子在这样的义务教育阶段的快乐、健康、和谐、自然成长，更使我们意识到素质教育之重要，才使我说出了，给我们在座所有人，特别是党政机关工作人员的心花怒放，这就是我们期盼的结果，这就是我们期待孩子们究竟在什么样的一个学习环境当中，究竟怎么样能够应对压在他们心头上、压在各位家长心头上的几座大山，能够把它去掉，就是素质教育

究竟能走一条什么样的路。"

并为学校未来的发展指明了方向，为能在铁西区教育中起到引领作用提出了殷切的希望：

"今天我看得非常高兴，还在于一个学校能够在短短 10 年间打造出这样一个自然、和谐、深度、深刻、大气，甚至说大气磅礴这样的气势，这其中的规律、这其中的内在品质、这其中的宝贵经验，值得我们认真总结和广泛推广……"

"那么今天我想给在座的各位教育局的领导班子成员和在座的各位校长以及和广大的有识之士出一个课题，我们就是要以雏鹰实验小学为标准，就是要让全区的学校都向着这样一种方向，不叫模式，是体系、内涵；不叫看齐，是瞄准。当然，刚才我讲了，各有千秋，百花齐放，但这个学校我为什么选择她，因为她地处的位置恰好在铁西的西北部，她建校的时间恰恰不是老牌名校，而是一个后起之秀。她的师资也是多方聚集、融为一体的，有很多可比性，有很多可仿制的、一些内涵的、可以借鉴、互帮互学的东西，所以我希望全区教育都能达到这所学校孩子这样，每一个孩子心中流淌的是自然、自信之美，每一个教师都能够怀着一种善良的心，怀着一种大爱，把美好、把善良传授给孩子。在艺术教育过程当中让孩子懂得如何寻找美，懂得如何使自身散发着一种对社会的大爱，寻找美的过程当中有一种无限的追求，这样才能使我们一辈又一辈更向上、更向爱、更向美、更向着美好的未来……"

沈阳市教育局赵仁君副局长在观看了孩子们的庆祝表演后，也难掩自己的激动心情，发表了振奋人心的讲话，充分肯定了我们 10 年建校发展中收获的喜人成果：

"10 年来，在铁西区委区政府和市区教育行政部门的重视推动下，在省教育厅的亲切关怀下，雏鹰实验小学秉承'师生翱翔在梦想的天空里'的办学理念，以'鹰击长空，拼搏奋进'为校训，以'志存高

远，英姿勃发'为校风，打造深耕学生核心素养的翔教育，带给雏鹰实验小学的是拼搏之势，带给孩子们的是翱翔的翅膀。学校无论是从外部环境建设，还是内涵发展目标，都呈现出勃勃生机与活力。我们大家走进雏鹰实验学校的校园都和我感受一样，同样的感受就是这里的一切设施设备，一切都是为了孩子的成长。可以说10年来雏鹰实验小学，积极推进学校的基础建设、队伍建设和教育教学质量建设，办学规模不断扩大……这些年雏鹰实验小学是从无到有、从小到大、从弱到强，应该说是一个名校品牌日益彰显的过程。刚才大家也看到了，先后获得了国家省市区的各级各类的荣誉，可以说雏鹰实验学校确实是我们全国乃至省市区的名校，为我们省市区基础教育均衡发展作出了重要贡献，为全市基础教育的改革发展又树立了一面旗帜，真正实现了成为老百姓家门口的名校教育愿景。"

赵仁君副局长发出由衷的感慨：

"在这样一所充满幸福味道的学校完成小学学业，我想孩子们是幸福的。10年来学校实现的跨越式发展，也让我们由衷的赞叹，学校领导班子始终坚持自己的教育理想，以创新的精神、昂扬的斗志带领学校走出了自己的发展之路，我想这就是令人敬佩的高尚教育的情怀。"

时光长河中，10年只是一段浅浅的脚印，但是对于雏鹰实验小学来说，10年标记的是全体师生的风雨兼程，是步履的铿锵与不屈的昂扬，是雏鹰实验小学的不断成长与壮大。这一奋斗的历程令人赞叹，无数个教书育人的平凡画面交汇成一幅辉煌绚烂的桃李芬芳图，雏鹰实验小学的教育同仁们不忘初心的教育情怀令人感叹。在大会上，我

以《所有的行动都是雏鹰实验人为了梦想的付出》为题，和大家一同回顾了雏鹰实验小学的第一个 10 年。

尊敬的各位领导、各位来宾、家长朋友们：

　　大家下午好！

　　阳光明媚，一如我们灿烂的心情，也一如我们欲飞的梦想。

　　首先，请允许我代表雏鹰实验小学 2161 名师生，向光临我校建校 10 周年成果展示会的各位来宾，向一直以来热情关心、全力支持学校发展的各级领导、各位专家，以及社会各界人士，特别是始终与我们风雨同舟的各位家长，表示热烈的欢迎并致以衷心的感谢！

　　时光荏苒，日月如梭。2008 年 8 月 27 日，我第一次走进这所学校的情景依然历历在目、清晰如昨：我和 10 名教师、50 名学生、空空荡荡的校园……我们就是这样拉开了雏鹰实验创业和振兴的帷幕，今天，我们挚爱的并为之不断付出的雏鹰实验小学整整 10 岁了！

　　回顾这 10 年，如果用"一个字"来概括我们的学校，那就是一个"变"字。

　　10 年来，我们的队伍变得壮大了：学生由 50 人到 2050 人，增 41 倍；教师由 11 人到 111 人，增 11 倍；班级有 2 个教学班，发展到 48 个教学班，增 24 倍。

　　10 年来，我们的校园变得更美了：原来的操场上腾空架起一座"高大上"的新教学楼，设施先进，班级建设及空中花园为全市之首；重新规划的"一带一路、一林一园、一廊一阁"及"四个空间、四条长廊"的校园环境，将成为孩子们幸福、自信、健康、快乐的美好印记。不管是办学伊始的举步维艰，还是如今的优越条件，我们在学校建设上始终坚持不用重金装修，而要用心装饰。坚持让校园里每一片墙壁、每一个角落都会说话；让每一块空间、每一处场景都有内涵，让学校"翔教育"的精神时刻陪伴孩子们成长。在此我们全校师生感谢区委区政府领导对学校规划建设的高度重视，对学校教育发展真金白银的倾情投入。

10年来，我们的孩子变得更阳光了：我们将培养"生活自理、学习自主、言行自尊、健康自强、实践自觉、生命自爱、成长自信"的"七自"乐翔智慧少年，作为德育工作目标。坚持从常规抓、从小抓、抓小事，将"乐翔智慧少年"培养、创新值周工作、"文明班级"评选的细节渗透到校园生活的各个环节，右侧通行、轻步无声、招手微笑、文明有礼这些都已是雏鹰实验孩子的符号。同时我们结合学校"翔教育"的办学理念，将孩子们喜欢的每月校园节日常态化、规范化。三月乐翔节、四月美翔节、五月创（艺）翔节、六月韵翔节等都融入各种教育资源，活动内容与形式都贴近孩子们的心灵。孩子们每月都会在《幸福成长手册上》记录下每一个节日中的快乐、收获与成长。我们还为孩子们建立并开放了心理咨询室及幸福驿站，关注孩子们的心理小问题，请来心理专业机构，定期安排心理健康讲座；还在中年段试点班级开展心理团训活动，孩子们可以坐在小椅子上轻松畅聊。身体和心灵的滋养让我校的孩子们又健康又阳光！

10年来，我们的质量变得更优了。2008年建校，2009年我们就率先在铁西区开展生本教育的探索。学校从顶层设计，构建以培养学生学习能力为核心的"智翔生本课堂"教学模式，重抓"有效备课策略"和"高效课堂策略"。随着课程改革的深入，打磨研发"翔课程"体系，并致力于学科融合课程的研究：从结合每月校园节日的主题融合，到同级跨科、跨级同科、跨级跨科的多元融合，再到学校翔文化融合，一步步尝试和探索，成功研发开设了科技教育、校园篮球、合唱、紫砂、创新思维校本课程等五类特色课程，除紫砂课程在五年级开设外，其他课程都是全员普及。在此基础上，学校 48 个教学班，开设五大类 52 个走班制社团。"翔之乐"管弦乐团、"翔之声"男（女）生合唱队、"翔之勇"篮球队、"翔之美"紫砂工作坊、"翔之韵"啦啦操队、"翔之新"科技小组等多支精品团队，吸纳了有特长发展需求的孩子，这些孩子们坚持每天勤奋训练，在各级各类比赛中捷报频传。

10 年来，学校的影响力变得更大了。"翔之勇"篮球队在"沈阳市小学生篮球联赛"中荣获冠军；"翔之韵"啦啦操队在"沈阳市中小学生健美操比赛"中荣获冠军；"翔之声"童声合唱团、"翔之乐"管弦乐团在沈阳市中小学生艺术展演中荣获一等奖，"翔之声"合唱团还连续三年登上了盛京大剧院的舞台；科技小组更是佳绩不断，仅 2016、2017 两年就获得国际级 6 个、国家级 12 个、省级 59 个、市级 85 个奖项。学校先后被授予：全国创新名校、全国篮球特色学校、全国啦啦操实验学校、全国学生营养与健康示范校，辽宁省课程改革示范校、辽宁省美育特色校、辽宁省青少年科技示范校、辽宁省航空雏鹰计划推广校，沈阳市课程改革研究基地校、沈阳市平安和谐校园、沈阳市青少年教育先进集体、五一先进集体、五一劳动奖状等 134 项荣誉称号。

回顾这 10 年，如果用"一个词"来概括我们的实践，那就是"行动"这个词：

我们感恩各级领导与社会各界最真切的关爱行动。每当学校遇到困难，是各级领导给我们极大关心、鼎力支持；每当活动需要家长配合，是无数爸爸妈妈给我们带来不遗余力地付出。2014 年开始的每月一次一个年级家长教学开放日，两年时间全校家长都走进了校园课堂，体验见证了学校的常规管理和孩子成长的过程，至今已坚持了 4 年。我们还通过微信平台、家长学校、低年级情境式能力测试和"家庭教育大讲堂"等形式增进学校与家长的距离。在这里我要特别感谢我们的家长委员会和家长志愿者团队，是你们为学校的日常管理和研学实践课程等做出了诸多的努力和贡献。

我们要感谢全体教职员工最无怨无悔的奉献行动。每天清晨的第一声祝福、三八节女教师手中的一杯热茶、端午节教师口中绵软香甜的粽子、教师节教师们胸前美丽的鲜花、"六一"儿童节教师子女的欢聚、生日当天的一碗长寿面等,都融入了管理团队的细心、爱心和责任心。还有我们每一年的年度教师颁奖典礼、团队拓展训练、申时茶会、"青蓝工程""私人定制"培训都让大家在工作中愉悦身心、凝聚力量。10年来,是学校全体教职员工发扬"攻坚克难、团结进取、彰显特色、追求卓越"的雏鹰实验精神,才有了学校今天的蓬勃发展。目前学校共培养了市名师2名,市骨干教师8名,区骨干教师11名。全国优秀课14节,省、市级优秀课37节,论文获奖市级以上86篇。

我们更自豪于全体同学最自然、最自信的成长行动。从建校至今,我们的学生在科技类市级以上比赛中获奖463人次;艺术类市级以上比赛中获奖467人次;体育78人次;其他类188人次。我校在历届区能力素质测试中均名列前茅。

变化的背后是行动,行动的背后是付出。因为真诚的付出,雏鹰实验人共同交出了一份无愧于时代的精彩答卷。

然而,正如时间的本质在于流逝不居,因而奋斗者也就不能片刻停下奋进的脚步。今天,在党的十九大精神的指引下,沿着新时代新目标新征程,雏鹰实验的梦想将更加远大、雏鹰实验师生的行动将更加扎实、雏鹰实验的发展前景将更加美丽。我们将进一步树立鹰的志向,切实按照育人规律,努力践行"敢追求、善反思、重积累、会创造、健身心、乐生活"的核心素养目标,真正做到"立天地志,行山河远"。我们将完善创新中心、健康中心、阅读中心、艺术中心、生活中心,建设"线上雏鹰",努力让我们的校园真正成为更加推动学生全面健康成长的推动器、加油站。我们将优化我们的课堂,让创新思维变成孩子的习惯;我们将丰富我们的课程,让丰富的资源转变为师生成长的动力；我们将沉淀我们的文化，让学校的点点滴滴真正融注于每一位学生的成长记忆。今天，我们展示的与其是雏鹰实验10年来的发展历程，不如说表达的是美好未来里雏鹰实验发展的决心与信心。

世纪老人冰心写过一首小诗《成功的花》，她写道：成功的花，人们只惊慕她现时的明艳，然而当初她的芽儿，浸透了奋斗的泪泉。

站在十年的新起点上，全体雏鹰实验人会不忘初心、牢记使命、义无反顾、风雨兼程、再创辉煌！

再次感谢您的关心，欢迎您的参与，更期待您为我们新的精彩，鼓掌加油！

回看雏鹰实验小学的发展历史，不难发现我们也曾举步维艰、也曾步履蹒跚，但雏鹰实验人不曾忘记责任和担当，不曾忘记初心和使命。一路走来，我们用厚重的文化底蕴、独有的办学风格，为莘莘学子夯实了做人和求知的基础。睿智的教育者，一定会使学生的个性得以充分张扬，让一个个鲜活的灵魂徜徉于"满溢着幸福味道的王国"。那种机械、刻板的"学习"并非孩子的全部。我们在强加给孩子的"求取功名"的键盘上，始终把一个手指按在"退出"键上。因为，在孩子们漫长的求学路途中，我们用今天优美的环境、多元的课程、鲜明的特色，潜移默化传递给孩子们的才是明天他们奋飞图强的财富。在这里收获的每一次成功的喜悦、品尝的每一份失败的挫折、每一次经历、每一场磨砺，都会给予他们一生坚韧向上的力量——这才是教育的真谛！这才是我们做教育人的终极追求！

走进雏鹰实验小学，无论是漫步校园还是静坐聆听，都让人感觉像走在诗情画意的艺术文化殿堂里。"一带一路、一树一石、一园二林三亭"和"四空间六长廊"都流淌着学校"翔"文化的血液。在雏鹰实验小学，"翔"文化不是挂在墙上、说在口中，已然渗透到了每一位师生的骨子里，成为赋能每一名师生终生发展追求的文化精神。

在"翔园"里，这样的文化、这样的精神将为每一个向往飞翔、向往梦想的生命插上丰盈而坚强的翅膀，搭建起飞的平台，我们用力托举、我们用爱呵护，让小雏鹰们都能从这里"一日同风起，扶摇直上九万里"！

第三章 "翔"课程——学校发展的支撑

寸寸光阴都在催促我的责任感。回首学校一路发展的历程，从学校"翔教育"的确立到目前已成理念的办学精神，再到学校课程不断丰富，让我们清楚地意识到，课程变革是每个教育工作者一生都会思考的课题。我们在国家课程基础之上，结合学校特色，用心关注学生的需求。从学生的角度出发，构建具有可行性的课程安排，提升课程质感，满足课程安排，切实实现课程目标。变革，从来不只在课程之外，而在你我用心构建的教育之心。归根结底一句话，一个好的学校，课程目标凸显向内生长，不断思索教育目标的可行性，才能更好地作用于每个不同的个体。从孩子们天真灿烂的笑颜中，我们得到了一个肯定的答案。

如果说"翔"教育理念的形成，"翔"文化的确立是为"乐翔"少年们开辟了一方新天地，打造了一片自由飞翔之境，那么想让他们真正起飞，飞得高远、飞得自由，我们还需要一套最有力的保障措施，才能为他们的飞翔保驾护航。建校13年间，我们通过"能做什么、做了什么、为什么这样做、未来还能怎样做"的反复思考，实现了雏鹰实验小学"小翅膀"校本课程从"试飞"到"起飞"、从"平稳飞"到"自由飞"的华丽转变，我们兑现了"让每一名儿童拥有飞翔的翅膀"的校本课程理念。学校发展第一关键是师生，校本课程的设计实现了将聚焦成长、贴近需求、全情参与、构建价值与师生终身发展的无缝对接。我带领着学校的教研团队，在专家的理论指导下，以国家课程为骨架，结合我校学生发展的需要，一边学习，一边研发，终于开发出适合学生兴趣发展和个性成长的校本课程——"小翅膀"课程体系。作为国家课程的助力和补充，本着因地制宜、因材施教的原则，从校本课程的"呱呱坠地"到有效实施，并在系统实践过程中不断丰富其内容、不断完善其架构、不断发展其内涵、不断革新其方式，伴随着课程的"枝繁叶茂"，一路走来，我们的"小翅膀"课程也激励了每名儿童绽放着生命的自由与多彩，给每名儿童一双翱翔的翅膀。

课程的由来——"小翅膀"飞行轨迹

学校课程建设不是一蹴而就的，它是一个系统工程。伴随学校发展逐步成长起来，课程的研发至今经历了由点状到线状再到巢状的三个发展阶段：

阶段一：1.0时代——点状课程的雏形起步

建校之初，虽然我们面临着人数少、条件差、教学设备不齐全等诸多困难，但我们依然坚持走上了课程改革的探索之路。在课程改革的同时我们更着力于"把儿童放在正中央"的课程建设，构建以儿童的直接经验、心理需要、兴趣特征为原点，人人喜欢、人人参与、人人受益的儿童课程。在"科教兴国"重要战略举措的指导下，学校将科

技教育确立为学校的办学特色。我们本着遵循孩子们的年龄特征和心理特点的原则研发创编《科技校本讲义》，并邀请专家反复验证、把关诊断，通过反复地修改与论证最终确立了低中高三个年段的《科技校本讲义》，同时将科技校本课程纳入课表安排，每周1课时。在经过几年的实践之后，我们又进一步将科技校本教材进行了改版和升级。

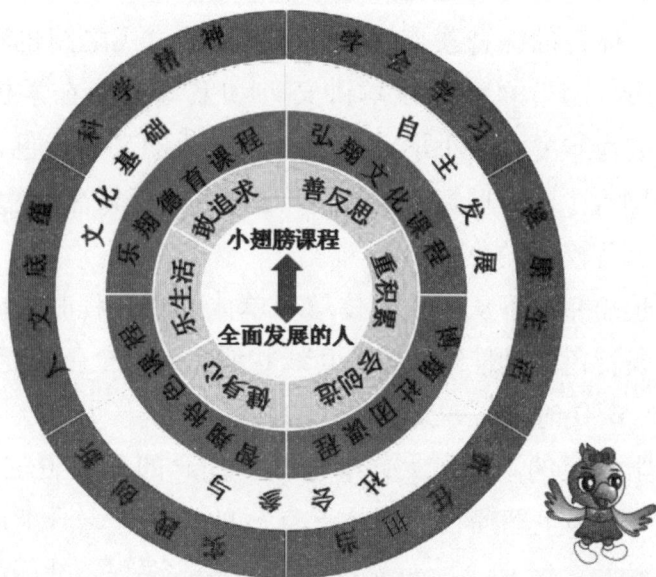

《科技校本讲义》的研发，让"小翅膀"的试飞之路从零散走向系统，从理论走向实践，全员的参与大大激发了学生手脑并用能力及学习科学的兴趣，触动思维空间的拓展。学校在2010年被破格评为辽宁省科技教育示范校，至此1.0"点状"时代的课程改革雏形已经形成。

阶段二：2.0时代——线状课程的延伸发展

我们时刻不忘教育的初心和使命，不断进行新的尝试，不断尝试新的突破。随着科技特色的日益成熟，1.0点状时代的课程改革已经满足不了学生的成长需要。2012年在现有教师团队的基础上，我们成立了阳光体育和美育教育研究室，在立足课程改革的基础上又创编研发了《篮球校本讲义》《合唱校本讲义》，在《篮球校本讲义》的使用上，实施国家课程校本化，全校利用每周四节体育课中的一节课进行篮球课全员普及；在《合唱校本讲义》的学习上，利用晨训、午练及社团的时间，让学生们以选修的形式个性化学习，进而多层面地培养学生们艺术、体育的综合素养。"小翅膀"的试飞之路也转向多条轨迹的平稳起飞。随着《篮球校本讲义》和篮球技能在学校的全面普及，篮球已成为雏鹰实验小学继科技特色之后的又一特色，学校也先后荣获"全国青少年篮球特色学校""辽宁省美育教育特色校""辽宁省课程改革示范校"的称号。

由此，学校完成了从1.0科技教育单体点状课程时代向科技、体育、美育三条特色线延伸结合的2.0线状课程时代全新跨越。

阶段三：3.0时代——巢状课程的立体跨越

随着办学规模的不断扩大，学校办学理念的核心主题"翔教育"逐渐彰显，"让师生翱翔在梦想的天空"的办学理念日渐成熟。我们结合学校"翔教育"理念，对学校现有的校本课程、社团课程、校园文化和综合实践活动等进行重新的审视与梳理，从发掘学校深层次文化入手，重新规划与整合学校的文化内涵。以"翔教育"作为课程哲学的，以"敢追求、善反思、重积累、会创造、健身心、乐生活"作为六大核心素养目标的，涵盖四大板块20个课程群的"小翅膀"校本课程就此诞生。

这种呈鸟巢状，多维联动、逻辑清晰的 3.0 巢状课程立体体系时代，标志着我校已进入了文化建构与创生层次的课程变革时代，也标志着"小翅膀"校本课程从 1.0 试飞到 2.0 起飞，再到 3.0 平稳飞的课程体系顺利迭代。

课程的实施——"小翅膀"飞行方式

在三级课程建设中，国家课程是国家意志的体现，地方课程是地方特色，将它们视为这只雏鹰的心脏，校本课程就是鹰的翅膀，我们的"翔"教育就是要给孩子一双过硬的、经得起蜕变的翅膀。"小翅膀"校本课程的建立正是聚焦学生的能力与素养、尊重学生的兴趣与经验、满足学生的需求与发展，是一门富有统整感的课程，是多维与互动的课程。它既有"学科内的统整"，又有"学科间的融合"；既有"学科与学科的联系"，又有"学科与活动的统一"，学校采用必修与选修的方式实施"基础类课程全面化、特色类课程整合化、选修类课程个性化"的有效策略，让"小翅膀"校本课程的飞行方式多样、多趣、多维。

飞行方式一：弘翔文化课程

《弘翔文化课程》涵盖学校文化——翔课程、校树——银杏课程、入学季课程、毕业季课程和共育课程五大课程群。分别从内化解析"翔文化内涵与精神"到探索追溯"翔生态"，从入学的树立主人翁意识到未来的自我规划与远眺，完成对学生人生观、价值观的完整架构。例如在学校"翔"文化的引领下，班级通过起班名、立班规、设计班徽等个性化的班级文化建设，进一步感悟"翔精神"、筑梦"翔教育"，形成全校师生"人人具有翔精神，人人具有翔品质"的校园文化氛围，为学生的自由飞翔打下深厚的根基。

课程名称	课程分类	课程内容
弘翔文化课程	文化——翔课程	走近"翔"
		探索"翔"
		体验"翔"
		彰显"翔"
	校树——银杏课程	"识"银杏
		"探"银杏
		"护"银杏
	入学季课程	我@校园
		我@伙伴
		我@老师
		我@自己
	毕业季课程	我@自己
		我@母校
		我@中学
		我@世界
	共育课程	联盟课程
		家庭课程
		志愿者课程

飞行方式二：乐翔德育课程

《乐翔德育课程》以"立德树人"为根本目标，以培养学生健康成长和全面发展为出发点和归宿点，给予学生飞翔的目标与方向。《乐翔德育课程》由四个分支构成，即"五爱课程、生命课程、实践课程、节日课程"，充分尊重学生的认知发展特点和思想道德品质形成规律，从学生的社会生活、道德生活、政治生活等方面提出课程目标、内容、实施和评价。例如《乐翔德育课程》中的"五爱"课程，涵盖了爱党、爱国、爱家乡、爱师长、爱伙伴，其设计意图践行了"以养载育、以润养德、以德导行"的策略，把社会主义核心价值观融入教育教学之中。

课程名称	课程分类		课程内容
乐翔德育课程	"五爱"课程		爱国课程
			爱党课程
			爱家乡课程
			爱师长课程
			爱伙伴课程
	生命课程	安全课程	校园安全
			交通安全
			居家安全
			自然灾害
			网络安全
		心理健康课程	心理咨询室
			沙盘游戏
			应急辅导
	实践课程		劳动实践课程
			职业体验课程
			社会体验课程
	节日课程	传统节日课程	春节
			元宵节
			清明节
			端午节
			中秋节
			重阳节
		校园节日课程	三月欢乐节——欢欢乐乐来上学
			三月自护节——学会自我保护，争做"自护小明星"
			四月悦读节——让我们享受阅读
			五月艺科节——让我们掌握一项技能
			六月收获节——收获满满伴成长
			九月伙伴节——手拉手共成长
			十月成长节——让我们与祖国共成长
			十一月环保节——让我们懂得垃圾分类
			十二月生肖节——欢欢喜喜迎新年
		节气课程	24 个节气

飞行方式三：智翔特色课程

《智翔特色课程》涵盖足球课程、篮球课程、科技创新课程、群文阅读课程、经典诵读课程及主题式实践活动课程六大课程群，侧重学生强心健体、科学意识、知识积淀和实践能力的培养，教会学生勇敢自信、翱翔长空的本领。例如2020年新冠疫情期间，智翔特色课程研究团队开发《武汉·吾捍》主题式语文实践活动课程，从研发课程的角度出发，挖掘可以利用的课程素材，增加孩子们对"英雄武汉"及对战"疫"行动的认知。有着鲜明时事特色、凸显校本文化的校本课程带领学生深切感知："飞翔"长空的路上既会有遭遇风雨之险境，更会有遨游天下之幸福，唯有不畏艰险，勇往直前，磨砺飞翔的翅膀，形成坚韧的性格，练就翱翔的本领，才能突破险境，收获幸福。

课程名称	课程分类	课程内容
智翔特色课程	经典诵读课程	与诗文共舞——"晨诵"经典诵读课程
		积跬步至千里，汇小流成江海——"课前三分钟"经典诵读课程
		推荐诵读——小学语文新课标必背古诗75首及推荐背诵15首
	主题实践课程	小蚂蚁·大能量
		红灯高高挂，温情满翔园
		天空的霸主——鹰

智翔特色课程	群文阅读课程	群文阅读寻旅（一年级）	有趣的儿歌
			走进寓言故事
			爱上绘本 爱上阅读
		群文阅读寻旅（二年级）	寓言故事的启迪
			品味友情
			童话故事中的循环反复
			读神话故事 品中华文化
		群文阅读寻旅（三年级）	奇妙的关键语句
			心旷神怡的美景
			秋韵秋思
			古诗中的春色
			走进美妙童年
		群文阅读寻旅（四年级）	动静之美
			神话人物形象
			奇妙的中心句
			战争背景下儿童小说
			作家笔下的小动物
			田园诗组
		群文阅读寻旅（五年级）	寻找阅读的快乐
			走进场景 探寻深情
			说明文的语言严谨性
			古诗里的爱国情怀
			古典名著之旅
			孙悟空的成长路
		群文阅读寻旅（六年级）	花之悟
			心语
			景语亦情语
			有趣的民俗风情
			散文之美
			童年趣事

飞行方式四：博翔社团课程

博翔社团课程涵盖非遗类社团、科技类社团、体育类社团、美术类社团和音乐类社团五大课程群，指向学生健康生活和全面发展的达成，培养学生拼搏奋进的飞翔精神。五大类共 76 个社团，最大限度地满足了孩子们自主性的选择与学习，尊重学生的不同需求，面向全体，培养兴趣，提升品味，成就梦想，为学生搭建选择性学习平台，满足了不同学生多元潜能、优势潜能及个性化发展，为学生的自由飞、平稳飞提供内化力量。

课程名称	课程分类	课程内容
博翔社团课程	非物质文化遗产类	京剧课程
		快板课程
		盘纸课程
		紫砂课程
		空竹课程
	科技类	3D 打印课程
		"爱迪生"发明课程
		百变魔尺课程
		航模课程
		魔方课程
		机器人课程
		足球机器人课程
	美术类	编织课程
		湿拓画课程
		手工课程
		线描课程
		油画课程
		泥塑课程
		国画课程
		书法课程
	音乐类	表演课程
		非洲鼓课程
		合唱课程
		空灵鼓课程
		吉他课程
		阮咸课程
		古筝课程

		短式网球课程
博翔社团课程	体育类	啦啦操课程
		女子篮球课程
		男子篮球课程
		羽毛球课程
		轮滑课程
		足球课程
		国际象棋课程
		围棋课程

社团
课程

课程的根基——"小翅膀"飞行保障

好的教师、好的教师团队是课程推进的有力保障，建校至今的13年，我们结合学校实际情况和教师队伍的现状，一直坚持将对教师的培养放在教学工作开展的关键位置，着力教师的个人成长和教学团队的梯队建设，进行个性化定制式培养，指导教师准确把握课程价值定位，彰显自己的教学个性，形成独特的教学风格。在实施中与课程共成长，力争成长为"课程内涵藏于胸中、学科内容尽在掌握，教学相长、游刃有余"的"大先生"。

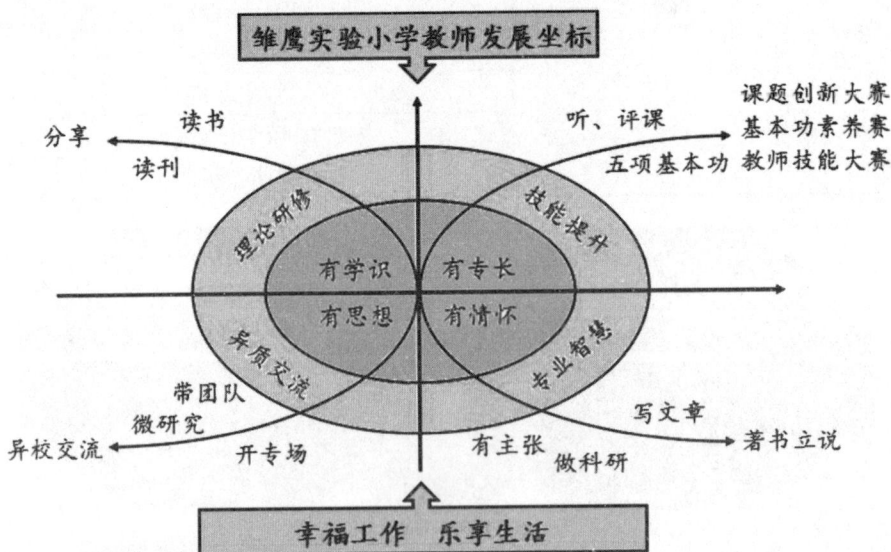

一是教师分类定向培养。学校从长远的发展角度规划教师专业成长方向，建立健全分层分类、分学科分学段教师精准培训体系。根据教师年龄、教龄及教学能力的不同将教师队伍分成了"三类六型"并进行定向培训。学校力求培训内容精准化、培训形式多样化，让教师"学用结合"，确保"三类六型"教师同频共振、赋能成长。从理论修养、技能提升、异质交流及专业智慧等方面进行研究与学习，将新鲜的教育教学资讯、有效的开发与建设课程能力、专业的教育教学指引等以"培训包"的形式进行传递，有效地解决教师专业发展和课程建设过程中的现实困惑。

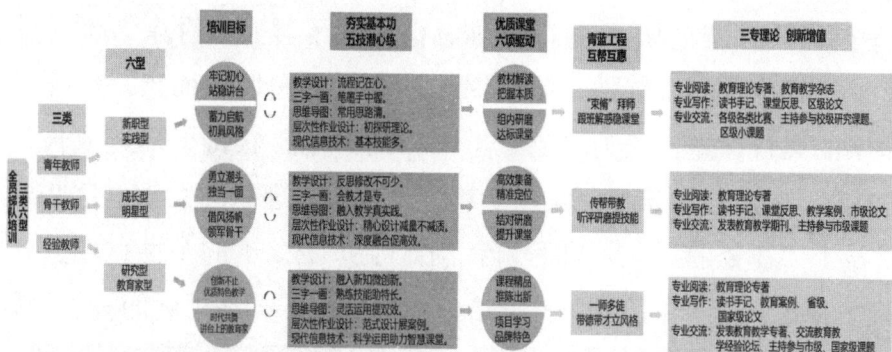

二是校本研修切片提升。学校成立了各学科教育研究室、校本课程研究室和学科融合工作室，以及阳光体育、美育教育研发中心。各研究团队以切片式校本研修的方式确定工作室的研究方向，聚焦课程建设中遇到的实际问题，如校本课程研究室提出的"教师对校本课程开发实施策略研究""校本教材编写和使用研究"，群文阅读研究室提出的"群文阅读课堂如何发挥小组合作的优势""群文阅读中的学生自主评价"等研究课题，既解决了教师在课程实施中遇到的实际困难，也进一步推进"小翅膀"课程向纵深发展。

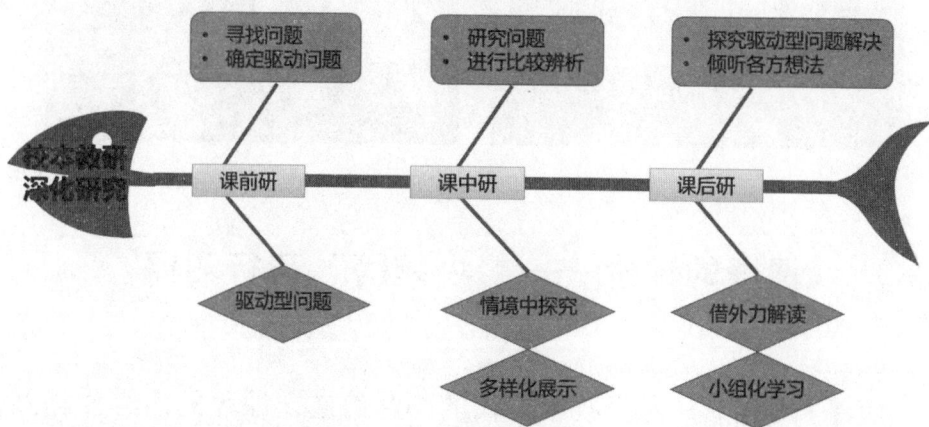

三是互帮互助抱团成长。青年教师依托"青蓝工程"快速成长、中坚教师凭借"跟岗培训"转型升级、经验教师借助"专项培训"成功跨越。教师间取长补短、互帮互助、互相启发、共建共享，形成"成长合伙人"式的常态教研氛围。

学校以紧紧抓住教师成长关键点为基础，目前 172 名的教师团队中，一批又一批教师成长为市名师、市区骨干教师，百余节优秀课从国优课、省优课、市优课、区优课等评比活动中脱颖而出。也正是有了坚实的飞行保障，孩子们才有了飞行的力量，获得了迅速成长，学校 2014、2015 届的毕业生现如今都已经考入了理想的大学，这些成长都得益于"小翅膀"校本课程真正满足了每个孩子的个性化成长、激发了每个孩子的内在潜能，真正给孩子们插上了翱翔天际的有力翅膀。

课程的评价——"小翅膀"飞行测评

随着 1.0 到 3.0 课程改革时代的不断跨越，课程的内容要创新，评价的方式也要不断创新。课程的教研团队对通过测评方式进行多元、多端、多维和多样的更新设计，将学校的课程改革与学生需求、教师提升和学校发展进行了及时而有效地衔接和匹配，以此对课程改革进行深刻的反思与审视，对学生的学和教师的教进行更加科学、动态地把握和指导，不但实现了课程内容版本的不断更新，也促进了多元多维评价体系的不断升级。

一是课程评价优胜劣汰。借助教师、学生、家长、第三方评价、网络评价等多种形式对课程进行评价，依据评价结果启动课程淘汰机制，保留与强化受学生喜爱、助素养提升、促全面发展的校本课程；淘汰热度低、运行缓、效果差的课程，并从中分析查找原因，确保"小翅膀"课程的高质量实施。

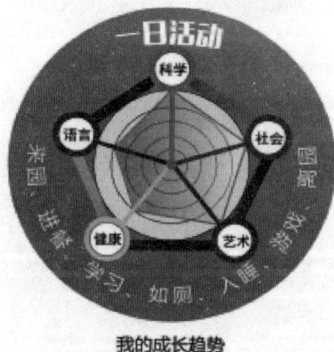

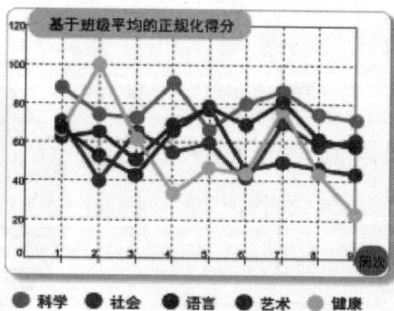

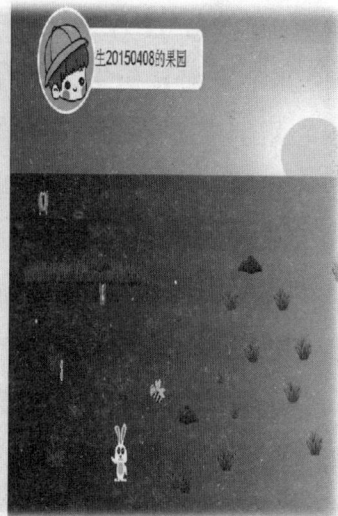

二是素养评价全面规范。学校通过由教师、学生、家长三方参与的"学生基本素养测评"方式，利用"微评价"系统、学生成长档案等形式，以日常评价和学生的成长记录为基础，从科学、语言、社会、艺术及健康五个维度对学生进行综合素养评价。通过雷达图、折线图等直观数据获取全面、客观、科学的大数据，以此来了解学生素养均衡度，全面检测学生素养教育成果、全方位复盘学生的阶段性成长、动态评价培养过程、及时调整培养方向，为下一步每一个学生的个性化培养目标的实现保驾护航。

三是办学评价科学客观。每学期末，学校通过网上问卷的方式对学生、家长进行调查。对学校办学行为、教师工作和校本课程满意度，以获得的大数据为基础和意见、以建议为依据，更加科学地规范学校的办学行为，为学校工作进行全面的诊断、反思并改进，从而科学合理谋划学校整体工作的开展布局，在这个过程中我们进行了不少有益的尝试。

2020年结合沈阳市四年级教育质量综合评价，学校从"关注学生语言积累、提升语文核心素养"进行了教育质量综合评价案例的研究，在研究中我们从以下几方面进行了分析：

第一、关注趋势数据，聚焦对比差异

我们在欣喜于整体成绩取得的同时，更加注重学科细节的不足。在2019—2020学年度沈阳市四年级教育质量综合评价中，从我校语文学科得分率比对情况看到，"词义积累"和"标点"两项内容表现优势不足，而"字形字义"得分率低于区值1%，这三项均属于语文一级知识内容当中的语言积累内容。虽然语文整体分数高于区平均值近6分，但"语言积累"弱势项引起学校的充分重视。

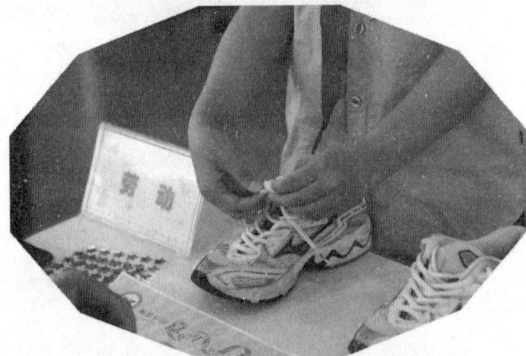

第二、解锁数据密码，探寻背后原因

学校对参加测评学生和教师进行访谈和问卷调查，通过听课结合学校语文课堂教学实际情况，找出问题所在，主要有以下三点原因：

1. 时间不足：学生语文学习几乎只发生在语文课上，课外阅读时间少。（语文课程急需整合优化）

2. 方式不对：学生读书深入程度不够，经常看热闹，对语言文字等不在意，更缺乏积累，作文不知道要写什么。（教学方法急需有效转变）

3. 兴趣不够：青年教师欠缺课堂教学能力，导致学生语言积累落实不到位。（教师水平急需培训提升）

第三、针对欠缺因素，采取有效措施

我们深知，积累是提升语文核心素养的前提、是学习语文的基础。基础不牢何谈素养？而语言积累绝不仅仅是让学生周而复始练习组词、造句，千篇一律听写、抄写能达到的，它是一个长期的、潜移默化的过程。我们要充分调动学生学习的兴趣，营造语言学习的环境，用课程引领语言积累的方向、用课堂分解语言积累的方法。

（一）建立高效的语文学习模式

1. 注重一课一得，关注语言积累

针对传统语文课堂教学的不足之处，我们对常态下的课堂进行了大胆的改革。教学内容的改革是重点，奉行"三不讲"原则，即学生已经懂的不讲、学生能读懂的不讲、讲了学生也不懂的不讲。我们还把教学内容的选择与课文内容区别开来，将关注的重点放在课文的表达上，即课文写的什么不是教学重点，课文是怎样通过字、词、句表达的才是教学重点。

2. 坚持一周一记，落实语言积累

最好的积累就是运用，从一年级到六年级，学生每周坚持书写周记，把一周中发生在身边有趣的事或者有意义的事记录下来，如果实在没有要写的内容也可以摘抄读书过程中看到的好词好句。对于每一名学生写的每一次周记,班主任老师都会认真批阅、作出评价。对于其中的错字病句及时圈出、好词佳句及时肯定,让学生开阔眼界,乐于积累。

3. 力争一文一仿,运用语言积累

模仿是创造的第一步,在学习每一篇课文的最后一课时,各年级都设计仿写环节。针对不同年级的不同年龄特点,低年级重在仿写句子、中年级重在仿写段落、高年级重在仿写篇章,学生在仿写中体会、归纳、揣摩。

(二)建构丰润的语文课程结构

1. 每日课程短小化

学校坚持每天7:40-8:00的20分钟"晨诵"、每天12:50-13:00的10分钟"午临"短课程,时间不长贵在坚持。晨诵内容从古诗、古词到现代儿童诗歌,熟读成诵,一年下来学生积累了大量的唐诗宋词、名家名段。午临则是通过描摹字帖中的字词句,从书写上对学生的语言积累进行训练,同时也提高了书写水平;疫情期间,短课程也从未间断,因为我们相信平凡的事坚持做、简单的事做纯粹,只要坚持终将收获美好。

2. 课外阅读课内化

(1)邀请专家助力导航

学校邀请沈阳市教育研究院小学语文教研员、辽宁省特级教师、辽宁省小学语文教育专业委员会副理事长、全国优秀教研员任海宁老师三次到学校指导教学,为众多青年教师指点迷津,为课堂教学指明航程。

(2)成立学科研究团队

学校成立"语文生本研究工作室"和"群文阅读研究工作室",工作室成员均是在语文教学中有想法、有能力、肯钻研、爱研究的班主任教师，他们中有经验丰富的年级组长、有在语文教学中获得优秀成绩的骨干教师中坚力量、也有刚参加工作不久的青年教师。每周五下班后的一个小时是工作室的活动时间，针对语言积累和群文阅读进行专项研讨，每次由主讲人先进行主题汇报，成员针对主题各抒己见，教学的思路愈发清晰。

（3）开展群文阅读活动

群文阅读活动由假期教师自由备课选出适合群文阅读主题，由自磨——合格课——组内研磨——优质课——集中研磨——精品课深入开展；以"1＋x"模式，即"一篇课文＋几篇相关文章"的方式让学生扩宽阅读范围。课外的阅读课内学、相似的文章一起学，融会贯通、深度阅读。

3. 课前活动趣味化

学校将课前活动背古诗创新为唱古诗，音乐与古诗词相结合，可谓是一条"蹊径"带给学生全新的背诵体验。和着优美音乐唱出诗歌，体味中国传统文化，获得情感共鸣浸润人心。

（三）建设丰富的语文实践课程

1. 经典诵读课程

学校每学期开展经典诵读课程，将经典的古诗词纳入平时的常规教育教学中，开展校园诗词大赛。

2. 校园节日课程

我始终相信在读书上花的每一分钟都会在未来的某一刻给我们最珍贵的回报。每年的四月是学校的阅读节，号召学生制作手绘书签、评选阅翔明星、开展读书竞赛、布置阅读空间、完成阅读手册……浓厚的读书氛围、多彩的读书活动、丰富的读书成果，学生们对书是爱不释手，少了走马观花，多了走心用情；少了敷衍了事，多了勾画摘写。

第四、初见努力成效，静待百花齐放

2020年可谓收获成长年。经过一年多的不断尝试、改进和努力，学生语文能力正在增强。

学校语文素养有提升。在2020—2021学年四年教育质量综合评价中，学生的语言积累方面较上一年有明显提升。

学生核心素养有提高。由百余名学生代表参与的诵读表演《少年中国说》获第四届"诗与远方"大奖；《承国之声 诵翔之志》活动展演的《花木兰》《满江红》《沁园春·雪》三个作品分别获沈阳市成果展示"最佳展演奖"和铁西区成果活动"特等奖"。我校被评为铁西区教育系统经典诵读优秀组织单位、第九届"华育杯"中小学线上好作文活动优秀组织单位；在校园诗词大赛中，有14名学生的诵读作品获一等奖。

语文教学是一场温暖如阳、绽放精彩的修行；语言积累是一个厚积薄发、不断超越的过程。我们愿和孩子们共成长，为提升语文素养不断探寻新的方法、不断探究教学真谛，用心耕耘，静待花开。

课程的发展——"小翅膀"飞行方向

学校课程建设是学校文化变革与特色发展的核心元素，是促进学生全面发展的有力抓手，"小翅膀"课程是要培育跨学科思维、造就"翔教育"动能的基础。面对孩子们展翅飞翔的未来，给予他们飞得更高、飞得更快的支持，这是对我们严格的考验。

1. 打破壁垒、相互圆融、彼此契合、内在统一。我们要将弘翔文化课程、乐翔德育课程、智翔特色课程、博翔社团课程整合起来，继续沿着"翔教育"内在逻辑秩序和线索，形成整体贯通、有机互动、自组织系统特征强劲的课程体系新格局。

2. 由繁至简、返璞归真、特色规律、提炼升华。紧扣"翔教育"

的本质诉求,聚焦"翔意识""翔品质""翔风格"的培育和锻炼,形成交织的"两个同心圆"共同体:一是以教师为圆点,形成诸多教育要素——学生、家长、学校、社区,相关教育要素环绕运行的课程创新共同体;二是以学生为圆点,以诸多教育要素作用下的——教育发展创新共同体,探索课程改革的叠加式动力源泉。

3. 夯实根基、由点及面、拓宽视野、综合创新。要从校本课程体系入手,助推课程体系、教材体系、教学体系的系统性深层次改革创新,塑造应对新时代新发展阶段的"翔教育新模式"。

4. 稳健起飞、平稳高飞、旋转快飞、持久强飞。起飞是课程的立足、目标的确定;高飞是视野的开阔、目标的前移、阶段的更新;快飞是寻求更迅捷和加速度前进;强飞则是更有力、更强劲、更持久,是步入新阶段"翔教育"的核心状态。

未来我们会让课程更富有倾听感,积极回应孩子们的学习需求;更富有见识感,努力拓展学习经历的伸展面;更富有质地感,不懈坚持以课程创新触及课堂变革。让"小翅膀"课程更受孩子们喜爱,使课程成为孩子们生命成长的一片绿洲,让孩子们在"小翅膀"课程的护佑引领下,培养自信的品格、学会飞翔的本领、提升精神的素养,在梦想的天空里自由搏击,逐梦翱翔!

第四章 "翔" 发展——校园的 多彩生活

　　每个优美的学校都有着自己独特的风景。春天，当你走进她，各色的花朵竞相绽放，带来春意盎然；夏天，置身其中，听树枝上蝉鸣，声声催促成长的步伐；秋天，落叶纷纷，那不是凋零，是承载成熟的果实轻轻低下羞涩的脸庞；冬天，茫茫白雪让校园回归到满天浪漫，无比纯洁的世界。不同季节的美都不同，如同我们的孩子，每一个都独一无二、不可替代。一个好的学校，优美的风景只是她美丽的外表，丰富多彩的校园生活，才是每个个体最好的遇见。

学校没有特色，教育就没有生气，学校就难以持续发展。起始之年的顺利迈步让我更坚定了接下来寻求特色化发展的决心。学校特色化发展是一项复杂而又系统的工程，她需要经过长时间的精心打磨，必须依靠一定的载体才能够绽放她独特的光芒，彰显她的独特魅力。在特色发展的引领下，倾力培养和打造的是新时代合格的建设者和接班人，德智体美劳，一个都不能少。学校在特色化发展的积极探索中，办学规模也在不断壮大：

2018 年 56 个班、2497 名学生、122 名教师；

2019 年 59 个班、2731 名学生、137 名教师；

2020 年 67 个班、3046 名学生、167 名教师；

2021 年 70 个班、3182 名学生、172 名教师。

2021 年 3 月，学校被命名为沈阳市铁西区雏鹰实验小学教育集团；

科技特色打头阵

当今世界各国都在部署和实施新世纪的发展战略，对国家而言，未来的竞争无疑是综合国力的竞争，变化和不确定性也成为当今和未来社会的主要特征。因此，无论是个人还是国家，只有敢于创新才能获得生存和发展。"人才是创新的根基，是创新的核心要素"。创新需要创造型人才，创造型人才需要依靠教育，而创造型人才的基础教育来源于小学阶段对学生的创新思维和动手实践能力的培养。我相信在科技如此发达的今天，培养学生的创新意识与创造力才是赢得未来的可持续性发展的原动力。于是我立足学校发展的实际，带领我的团队确立并实施了以科学特色为先导，带动实现学生全面发展的学校发展战略。

一、科技环境，渗透科技育人力量

突出以人为本，打造人文科技环境。学校因地制宜，深挖潜力，科学规划，建立了"一空间二长廊六中心"的科技环境，为学生进行科技实践活动提供了广阔舞台，学生在耳濡目染中"零距离"体会科技的潜在力量。

一空间：创翔空间，各种益智工具，供学生课间及午休时操作、竞技，趣味横生的科技文化、国内一流的科技设施，让孩子们善观察、肯思考、勤动手、生智慧。

二长廊：16块壁挂式互动体验科技器材的"科学长廊"，让学生们在玩耍、体验、触摸中感受科技的美妙与神奇；"创造明星长廊"，科技小明星在这里"安家落户"，堪称是雏鹰实验的"名片"。

六中心："机器人、数字探究、航模制作、火影动漫、少儿编程、实践成果"，这六大中心是学校实践科技魅力的重要场所，无数"小能人"从这里走出去又载誉归来。

建立科技硬件，体验科技创新理念。2018年学校建设成为了三星数字化校园，拥有了自己的校园电视台；综合教室升级打造成了科技活动室和创客中心；购进了机器人、mico：bit创客套件、过山车套件等多种科技设备。硬件科技环境的打造，为全校师生营造了浓浓的科技氛围，使学生们亲自参与科普、学习科学、"沉浸式"体验科技魅力，激发创新原动力，以科学的思维方式及态度审视和思考问题。

二、课程滋养，落实科学精神培养

学校以学生的成长为出发点，以"让师生翱翔在梦想的天空"办学理念为目标，以深耕"翔教育"的学校文化为载体，以"小翅膀"校本课程体系中的"创翔科技教育"为主旨，培养儿童的科学精神和创新实践能力，创造了学校、教师和学生共同发展的新格局。将科技教育渗透到学校工作的各个方面，培养人的科学精神——环境育人、课程育人、实践育人，雏鹰实验小学的孩子们在多维合力渗透中，不断寻找到成长的自信，实现自身的价值。

建立团队协作，开发校本讲义，致力课程育人。学校科技教育团队潜心研究，深入实际，结合社会发展对未来人才培养的需求、遵循不同学生的年龄和心理特点,创编研发《科技校本讲义》,并邀请专家反复验证、把关诊断,通过反复的修改与论证最终确立了低、中、高三个年段的讲义内容,同时将科技校本课程纳入课表,每周1课时。在经过几年的实践之后,我们进一步将《科技校本讲义》进行了改版和升级,使其更适合科技校本课程的使用。为了进一步丰富科技校本课程的内容和形式,同时于2018年4月学校又引进了创新思维校本课程,在1~5年级中开展,每周一课时,为科技特色教育提升了品质,拓宽了学生的思维方式,提高了学生的综合实践和动手操作能力。

发挥课程作用,主题学科整合,致力实践育人。学校在助推科技特色教育建设中,形成了"1+X+Y+N"的科技教育模式。

"1"——面向全体学生的科技校本课程。从2012年学校将科技教育作为学校的办学特色来发展,科技教育团队自己创编的《科技校本讲义》,开始在每周一节的科技校本课程中投入使用,并由全体班主任参与任教,学生全员参与学习。

"X"——根据兴趣爱好自选的科技社团课程。学校已开设"蒋新松"机器人、"乐高"机器人、足球机器人、"钱学森"航模、"爱迪生"发明创造、单片机编程、"小牛顿"探究实验、"鲁比克"魔方、百变魔尺、3D打印、立体七巧板、创客制作等16个科技社团课程,以此点燃不同孩子爱科学、学科学、用科学的热情,让孩子们离心中的科技梦更进一步。

"Y"——面向特长学生的科技竞赛课程。如学校定期举办的"校长杯"机器人、航模、魔方、飞碟杯、创意制作等竞赛。优秀队员代表学校参加全国和省市比赛,如我校多名科技队员代表学校参加全国、省、市机器人大赛、科技创新大赛、电脑制作活动等屡获大奖;全校科技获奖人数也由 2010 年的 46 人次逐年递增到现在的 1132 人次；学校也成了辽宁省创客联盟校、辽宁省科技示范校、全国机器人等级考试服务网点。

"N"——人人参与的科技主题实践活动课程。学生们利用寒暑假进行科技主题实践活动，通过生生合作、师生合作、亲子合作等形式完成的主题项目式学习如一股清流，为雏鹰实验小学课程改革注入了新的

血液。如 4 年 4 班乐学小组进行了"会隐身的空气"主题式学习，小组成员发现粉笔掉入水中周围会产生气泡，进而围绕空气的特点等进行了更为深入的探究；5 年 2 班的彩虹小组以"天空的霸主——鹰"为主题的项目学习，从"鹰"字的由来到"翔精神""翔品质"，进行多角度的深入调查，展现了雏鹰实验小学学子创新探究、拼搏进取的面貌。

三、活动搭台，释放科学个性品质

活动搭台、科技唱戏，科技活动的开展，学生的科学素养和实践能力得到了提升，丰富了校园文化生活，促进了学校的发展，一举多得。

科学普及，相互渗透相辅相成。学校通过科学普及，让科学家精神成为学生们培养正确人生观、科学观的重要营养，推动青少年科学素养快速提升，做新时代科学文明的建设者、实践者。科技活动的普及开展，基于它有较强的实践性、知识性、趣味性、社会性、竞争性、创造性和科学性，能够激发学生的求知欲，能与智能培养、良好品德培养、个性培养有机地结合在一起，相互渗透强化，相辅相成。

主题活动，丰富有趣助推普及。学校面向全体学生开展了丰富的科普育人活动。一是学校每 2 年举行一次的科技节，主题多元有趣，

师生参与率达 100%。多元多样的活动极大地调动了学生及家长的热情，真正掀起了学科学、爱科学、用科学的热潮；二是学校在各年组中开展特色科技操活动，开发学生手脑并用：一年级萌学杯子操、二年级飞碟杯速叠、三年级魔方、四年级魔尺、五年级九连环、六年级华容道，激发学生兴趣的同时也给学校科技教育增添了一道亮丽的风景；三是学校组织团队合作的科普调查活动、科普剧表演、科普征文、科普摄影、科普动漫制作等活动深受广大师生的喜爱及家长们的支持，让教师、学生、家长同台竞技，全校尽享科技魅力。

四、外引内研，关注科技教师成长

学校在师资培养中坚持择优聘任、发挥特长。学校重视骨干教师任用，积极发挥骨干教师在师资队伍建设中不可低估的带动、辐射作用。

首先，成立团队、点面结合。学校成立"科技教育研究室"，以科技教育研究室教师为点，以班主任和全体科任教师为面，通过点面结合的方式组建科技教育的师资队伍。同时还发挥社会资源优势，聘请社会科普工作者作为校外科技辅导员，共同指导学校科技工作。学校科技教师队伍由最初的一名科技辅导员带领几名学科教师的小团队，已经逐步发展为由校长亲自担任科技教育教师团队的组长，由副校长担任执行组长，由科技辅导员、科学教师、信息技术教师、综合实践教师等共同组成的科技教师大团队。

其次，创造条件、外引内研。学校每年选派科技教师参加各级各类的科技培训，再进行校本研修。同时，依托教育科研，以省级课题《科技校本课程的开发与实践的研究》及市级课题《小学立体化科技教育实施策略的研究》为引领，开展研究学习。"用科学的思维方式解决学习和生活中遇到的问题"是学校创建科技研究室秉承的理念。研究室成员经常开展小课题研究，最大限度提升了执教能力，提高了课堂质量。

最后，严格管理、激励进取。教师的创新意识和实践能力是居于核心地位的职业要求。科技教师队伍建设是培养学生科学兴趣和能力的关键，通过区域引领、校本教研、青蓝工程、自学领悟，帮助综合实践、科学、信息技术教师成为科技的专职团队，开展多种多样的学段社会实践和科技活动，科学教师以其专业的科学素养和学识，成为学校科技教育的主力军。科学老师们积极进取，刻苦钻研，年轻的团队充满了青春的活力，思维活跃，富有创新精神，他们带领指导的学生在全国省市青少年科技创新大赛中屡屡获奖，而老师们也先后获得"全国创新名师"、省市"优秀指导教师"等称号。

另外，以制度约束、指明方向。制度不是条条框框的规章约束，而是保证科技创新教育在正确的轨道上运行。我校这么多年之所以能够取得一些科技教育成果，得益于校领导班子非常重视传承和发展科技教育，将学生的创造力培养作为核心目标，成立由校长担任组长，副校长、科技主任和学科组长、科技辅导员担任科技教育评价的领导小组，依托科技加课程层层落实；得益于以小学生科技核心素养的实践研究课题为依托，坚持课题研究质量评价，使科技教育健康持续地发展；得益于全员参与，使科技创新教育实现了全员、全科、全程、全面化。

五、科研成果，书写科技发展新篇

通过实践与探索，我和我的团队摸索出了一条科技发展之路，2014年我将学校的科技发展之路撰写成《研立体化科技教育实施策

略 探学校内涵建设之路》为题的论文，这篇论文被辽宁省教育学会评为一等奖优秀论文，同时发表在《辽宁教育》2014 年的第 10 期：

研立体化科技教育实施策略 探学校内涵建设之路

任何事物的发展都应该以内涵为核心和基础，在学校硬件建设得到快速改变的今天，学校的内涵发展更成为决定一所学校办学水平和质量的核心和关键。打造立体化的科技教育是一种新的探索和尝试。

一、立体化科技教育概念解析

立体化科技教育的提法源自立体化素质教育、立体化教育资源以及立体化教材等。其实，对于所谓的立体化，国内、国外有过很多种说法，有的叫"一体化"，有的叫"多元化"，其目的和本质是一样的，就是"要为学校提供一种组织方式、教育资源、教学资源的整体解决方案，最大限度满足教育教学的需要。"

仅就学校科技教育的立体化而言，主要是指学校的科技教育不能是单一的活动，而是从环境、活动、课堂和师资等多个层面进行整体规划和实施的综合性的教育活动。也就是说，立体化科技教育不是一个学期、一个学年的教育活动，它应该是学校的一种战略发展规划，其目标不是组织一次漂亮的活动，而是定位于学生科学素养的提升、综合素质的提高，定位于学校的内涵式发展。

二、立体化科技教育实施策略

（一）打造立体化的环境氛围，夯实科技教育基础

学校提供的科技环境将直接影响着学校科技活动的开展，其硬件环境是科技活动开展的基础和平台，而软环境则直接影响到学校科技教育氛围的创设和科技教育活动的高效实施。立体化环境的建设会提升学生、家长和教师对学校科技教育的认识和参与程度。

1. 整体规划，合理布局。

硬件环境建设首先要做到整体规划、合理布局、区域建设，从而

使整个校园变成立体、多层次、多视角的科技教育教科书。为此，我们划分出了科技发展史教育区、科普资料区、互动式科技体验区、小雏鹰科技作品展区、生态种植体验区、生态休闲区等。这些区域的划分和规划建设，使得学校的角角落落都成为开展科技教育的平台。

2. 精选内容，倡导互动。

在内容选择上不仅要考虑到小学生的年龄特征和知识结构特征，同时还要尽可能地让孩子与环境进行有效互动，让环境成为"会说话"的教科书，提高学生对科学的兴趣。悬挂标签的花草树木、设置了观察日记的生态种植体验区、可供学生动手操作的20余种互动科技器材、可完成互动查询的多媒体查询系统等，实现了"亲手栽、自由玩、每月变、我幸福"等互动活动，让孩子们在举手投足间就能与自己喜欢的科技为伴，这成为我校别具风格的小天地。

3. 完善管理，营造氛围。

建立科技教育工作制度，把科技教育纳入学校工作计划之中，定期研究，定期检查，定期总结。同时，通过家长委员会积极宣传学校创建科技教育特色和学生参与科技活动的重要意义，让家长参与计划的制定、组织、活动中。为突出科普氛围，我们一是强调环境中的科普元素创设，大到楼内楼外，墙壁、橱窗、校园广播、电子屏幕，小到班级中的科技角、科技专栏、科技小报，都有科技教育踪迹；二是强调大型活动、班级主题班会与科技教育的结合，做到事事有科技教育内容，人人积极参与科技活动。

（二）构建立体化的活动模式，拓展科技教育平台

立体化的活动模式主要是表现在活动时间安排和活动的组织形式上。我们走出传统的兴趣小组活动模式，从"日""周""月""节"四个时间节点分层次的组织实施。

1."日"活动

"日"活动，即常规的科技社团活动。学校社团数目以每年新增3

个的速度不断拓展,现已达到 10 个。社团工作定指导教师、定活动计划、定活动内容、定活动时间、定活动阵地等,这些措施确保了活动的参与率与活动效果。抓好科技社团梯队建设,确保各团队人数,采取普及与提高的方法,选拔尖子生参加各类竞赛,争创佳绩,提高了学校知名度和学生的科学创新精神。

2. "周"活动

"周"活动,即每学期的科技活动周活动。主要是为各科技社团提供一个展示和交流的机会。在活动周中,孩子们自我设计展示和交流内容,了解学校内其他社团的活动情况。科技活动周是孩子们拓宽视野、沟通交流和自我历练的机会和平台。每次的科技活动周都有专人负责,做到有计划、有部署、有监督,我们期望通过三年的时间,让科技活动周从小到大,从有到精,形成完善的组织和运行模式。

3. "月"活动

"月"活动是科技活动月利用每年的寒暑假时间进行。每到假期,学校都会根据不同年级开展小主题研究活动,如养蚕、社会小调查、参观博物馆等。运用课堂上学到的科学、数学、语文、美术等知识,帮助完成实验、绘图、制作、写观察日记、调查报告等研究活动,培养了学生收集处理信息、获取新知识、分析解决问题的能力,提升了学生的科学素养。

4. "节"活动

科技活动节每两年举行一次,是全校性的大型活动,是两年中学校科技教育活动的全面总结和展示。以"全员参与、主题鲜明、组织严谨、形式多样、内容丰富、效果显著"为特征的科技节已成为学校的品牌和名片,取得了良好的社会效益。

(三)践行立体化的教学策略,丰富科技教育手段

1. 发挥学科科技教育功能,有机、有意、有序抓好学科渗透

充分挖掘学科教学的科技教育元素,做好学科渗透。首先在科学、

信息技术综合实践等学科教学中，进行系统的科学知识学习和科学基本技能训练的同时，要加强科学态度、科学方法、科学行为习惯的培养。其次，在语文、数学、美术等其他学科中，有机、有意、有序地渗透科技教育；共同培养全体学生对科学技术的兴趣和爱好。最后，在各种活动中关注各学科知识的整合，引导学生用图形、数字、语言、线条、动作等多种形式表达自己的认识和情感，让科技活动成为促进学生综合素质提升的良好契机。

2. 与新课程理念相结合，加强科技校本课程的研发

科技校本课程研发要做到以校为本，立足科技活动的普及与提升，发挥每个科技教师的特长，丰富并规范学校的科技活动内容，使科技活动有计划、有组织的高效实施。另一方面，要明确科技校本课程应该是学校今后科技活动的主要载体和实施标准，要集中反映学校科技活动的思想和内涵，不能流于形式，不能是作秀式的编凑。

3. 切合学科整合和校本课程的研发，做好立体化教学资源建设

以学科整合和校本课程为着力点的立体化教学资源建设主要包括：校园资源——学校现有的试验仪器设备、音像图书资料、校园绿化等；社区资源——有关机构、团体的设备、专业人士等；学生家庭资源——图书音像资料、可供利用的一些材料、擅长某些技术的家长等；网络远程资源——图片、动画、声音、视频、课件等。虽然立体化科技教学资源建设是一项艰巨而漫长的工作，但丰富的立体化资源建设必将促进学校科技教育的有效开展，极大提升科技教育的教学效果。

（四）开展立体化的师资培训，强化科技教育保障

1. 核心科技辅导员的提升式培训

把现有科技辅导员作为核心团队进行提升式培训。每年要有计划地安排他们外出学习、参加专题性的科普报告与讲座，以任务驱动的形式提升他们的专业研究能力。学校成立科技教育研究室，吸纳了科学综合实践、德法、信息技术、电教优秀教师参加，各教师的学科背

景不同，有助于科技教育横向开发、纵向发掘、相互碰撞、集成智慧。增强科技教育的丰富性和专业性，塑造一批一专多能、开拓意识强的特色教师，形成群体的特色意识和特色风格，保证学校的科技教育得以顺利地开展。

2. 班主任和部分科任教师的普及性培训

科技活动要想从特色提升为一个学校的文化，前提之一就是不能仅停留在小组式的组织形式上，要做到普及，即全员性的广泛参与，而这必然需要大量的科技辅导员。因此，我们对全体教师进行有针对性的普及性培训，使每名教师能至少具有 1~2 个科技领域方面的专长，具有独立指导社团活动的能力。期望通过我们的努力，未来的雏鹰东校，不仅孩子们热爱科技，而且每一名雏鹰东校的教师也都能做到人人热爱并参与到科技活动中。

三、实施立体化科技教育应注意的问题

（一）有效促进科技教育与学校其他活动的有机融合

实施立体化科技教育不能单纯、孤立的进行，不能唯科技教育论、不能把科技教育作为学校内涵建设的唯一途径、不能与学校的其他活动割裂开来。这就要求我们一方面要认识到科技教育不是学校内涵建设的终极目标，而是同课程改革、德育活动一样，是学校内涵式发展的重要抓手和有效的实施途径及拓展平台；另一方面，学校的内涵建设也要积极探寻科技教育之外的途径，并将之有机融合。例如，开展打造有"幸福味道"的教师团队工程；构建有"幸福味道"的生本课堂，由科技教育活动进一步拓展的体育活动、艺术活动和德育活动等。

（二）充分发挥科技教育活动的整合性功能

科技教育活动在实施过程中，只有充分发挥整合性功能，才能充分发挥其促进学校内涵建设的作用。例如，在组织学生进行饲养栽培活动时，不仅要让学生了解有关科学方面的知识，还要让学生掌握科学的观察方法，学会用恰当的多角度表述。在组织学生进行科技社会调查活动时，让学生们学会做方案，认识到计划的重要性；学会小组内的分工，认识到合作的重要性；学会多角度获取信息，认识到交流的重要性等。

（三）切实保障科技教育活动的系统性、持续性

科技教育活动在实施过程中，要避免活动的随意性、单一性和功利性，只有系统规划、整体布局、连续实施、全体参与，才能确保科技教育活动目标的有效达成，才能显现出其在学校内涵建设中的促进作用。

随着学校科技特色的不断推进，学校的特色化发展步入了快车道。2015年，学校凭借"科技之光 点亮智慧童年"项目参加了沈阳市教育研究院的"十百千工程"，并在众多参与学校的项目中脱颖而出，被评为"百项办学特色"。我在汇报材料的开篇写道："作为'十百千工程'的参与学校，在活动期间我们真真切切经历了——孔之见——求知若渴——耳提面命——翻然改进——滴水穿石这样五个过程，让学校的科技特色上升了一个台阶，而我作为执笔者更是从中受益。"

六、创新思维，创造思维充满灵性

随着科技特色的不断进步，我们在实践中愈发觉得孩子们的科技意识、创新思维和创造能力才是孩子们发展的根本，于是经过我们多番探索与研究，2018年4月我们将创新思维课程引入学校。

刚接触《创新·思维》这一课程时，我们对它的理解不过是一节动手操作的实践活动课，无非就是课堂上老师带着学生了解一些科学现象、再做做小实验就可以了。但是通过集中培训后，我们理解到创新思维是运用多种思维方法、产生新创意或新成果的综合性思维活动。创新思维课程更是集工程、技术、科学，还有创造学、思维科学等横断学科于一身的综合性课程。随着创新思维课程在学校课程体系中的深入实施，我们对它有了更加深入的理解。创新思维课程强调要从学生熟悉的现实生活出发，通过手脑并用的创新实践活动来提升创新能力；更强调知识之间的相互渗透和相互联系，发挥不同知识领域的教

育功能和创新思维培养功能。创新思维课程帮助学生突破思维界限，在潜移默化中形成一种创新思维的习惯，在小学阶段创新思维发展的黄金时期，让我们的孩子敢想、敢说、更敢于行动，未来才具有独立的人格，才能成为国家发展需要的创新型人才。

在课程实施过程中，老师们经常一起研讨、反思与交流，不断碰撞出思想的火花，逐渐形成我校老师创新思维课程的教学风格。

1. 备课授课

在备课之初我们并不明确该如何授课，于是通过登录创造力教育网络平台，在资源中心找到各学段相应的章节所包含本节课的课程标准、课件、教案、教材和学具视频等，了解本节课的思维训练点、新技能与方法和具体实践操作。为了让每节课的教学目标有效达成，教师在上课前都会进行年级组间的集体备课，进一步讨论本节课的内容，分析教材中每一个案例的意图，明确教学的重难点在哪里。例如：四年级上册《避免潜艇爆炸的方法》这一课，潜艇发射导弹的过程学生并不是很了解，在教学时教师首先设计了专门的课堂引入环节，通过丰富的图文和视频资料，向学生详细讲明导弹发射的具体步骤，让学生从中找到导致潜艇爆炸的关键点。教师课前仔细预想了课堂中可能会遇到的各种问题，及时研讨出应对的策略。这样的备课，可以让教师的教学思路更加清晰、教学方法更加明确，进而更高效地上好每节课。

经过一段时间授课经验的积累与研究总结，我校教学流程主要归纳为七个步骤：一是情境导入，抛出问题；二是小组讨论，形成初案；三是呈现方案，鼓励创意；四是引领启发，再次创想；五是评估方案，优中选优；六是实践操作，内化智慧；七是反思改进，发展思维。在课堂上遵循这样的基本教学流程的基础之上，还会针对不同的课程内容和班级的学情做相应的调整。例如：四年级上册《怎样才能装的最多》这一课，三种不同大小的豆子怎样才能装的最多，让瓶子最重？

学生通过以往生活经验很容易回答出，先装大的再用小的填补装的最多，这样就不需要梳理方案，而侧重点在于引导学生对"按照一定顺序做事情"的方法进行强化。

课堂上创新思维的培养，不仅体现在面对问题时发散思维、进行头脑风暴，更重要的是让学生学到一种思维方式后，能够从生活中发现更多的问题，并运用课堂上学到的方法去解决问题。这正是创新思维课程

的魅力所在，真正提高孩子的思维能力和解决实际问题的能力，让创新思维课堂变成孩子们发明创造的起点。

2. 合作学习

在创新思维课堂小组合作中，合作学习也很重要。比如：在教学四年级上册《不爆炸的安全矿灯》这一课时，教师让学生合作探究：如何发明一种安全矿灯，避免瓦斯遇到明火时发生爆炸？问题抛出后，学生开始进行小组讨论，让我们从学生热烈的讨论中感受一下：

"快乐小组"在小组长带领下，立刻展开讨论，一个组员率先发表自己的观点："如果不让瓦斯爆炸，就不能让瓦斯接触空气，遇到空气瓦斯就很容易发生爆炸。"话音刚落，另一名组员马上反驳："我不同意你的说法，如果瓦斯接触空气，但矿灯不加热瓦斯就不会发生爆炸啦！"马上又有组员发表自己的看法："可以让瓦斯接触空气，也可以进行加热，但只要矿灯周围的瓦斯温度达不到着火点，这样就避免了爆炸。"小组长赶紧进行补充："我赞同大家的说法，但是如果我们能够按照时间的顺序，知道了瓦斯爆炸的主要步骤，只要我们改变其中的任何一个步骤，就有可能改变最终的结果，也就是说瓦斯就不会发生爆炸啦！""快乐小组"中每位同学都能争先恐后，积极表达自己

的想法。综合学生的讨论情况，最后得出瓦斯爆炸的步骤：矿灯燃烧——矿灯加热周围的瓦斯——矿灯周围的瓦斯温度达到着火点——矿灯周围的瓦斯燃烧——煤矿发生瓦斯爆炸。同时也得出结论：矿灯加热了周围的瓦斯，是导致瓦斯爆炸的重要步骤。通过这次合作学习和各小组的充分讨论，学生产生了很多创意的想法，也突出了本节课的教学重点，即使是一个简单的动作也包含了多个步骤，每个步骤都是改变和创新的机会。因为改变任何一个步骤，都有可能改变最终结果，在创新思维课堂上，小组合作学习是必不可少的教学环节。

3. 实践操作

创新思维课程中最后的实践操作环节也是这门课程的亮点，更是孩子们的最爱，因为他们可以用学到的新方法或技能大显身手了。本门课程配有专用学具箱，每课有相应的学具袋。学具中的材料，哪怕是最熟悉的材料也会激起学生动手的欲望，使学生头脑中闪现的智慧火花在动手实践和操作中得到验证和升华。

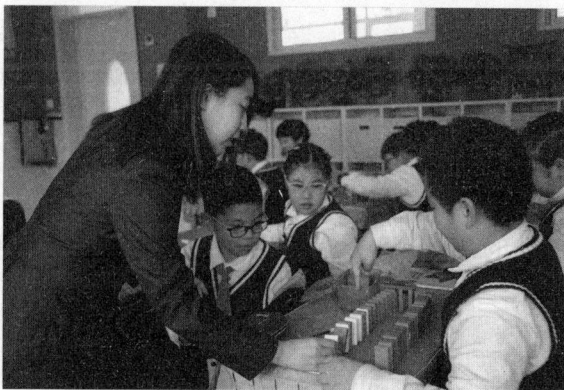

创造操作的活动中，安全教育也是必不可少的。比如在四年级上册《巧摆多米诺骨牌》实践活动中，孩子们会用剪刀剪瓦楞纸，由于瓦楞纸纸质较硬不易剪，所以必须强调剪刀的正确使用方法。又如《制作手摇发电的小电筒》一课，会用到螺丝刀。孩子们在生活中，很少接触到这样的工具，所以在活动前一定要讲授螺丝刀的正确使用方法避免受伤。通过学习学具的使用，将孩子们带入了一个动手、动脑的学习环境中，让每个孩子在动脑想、动手做中都有收获。

4. 学生评价

学生在这样的课堂中体验着方方面面的收获，创造力教育平台资源更为我们提供了系统性的评价体系。依据《小学生创新思维课程学习质量评价指标体系》，针对一节课当中学生的创新思维的训练、新方法与新技能、课堂表现、思维日志以及创意实践这几方面的完成情况，多层次、多维度的对学生的课堂表现和课后拓展进行全方位的量化和评价。根据创新思维课程之初提出的思考问题，学生采取小组合作式学习寻求最优解决方案，针对小组合作中学生的发言与实践活动等方面进行星级评价，评选出最有创造力和协作力的小组；学生利用思维转盘反思与总结，进行自我评价，评选出本节课班级的创新小达人。课后，学生完成创新思维日志和创意活动，提交创造力教育平台；教师通过平台进行作业检查，根据学生提交的作业内容，有针对性地进行打分及讲评，学生和家长通过平台学生端可以直接收到教师对学生作业的评价；最后，综合以上的多方面评价内容，利用我校核心素养智能平台，在"微评价"中添加创新思维课程内容的评价，采用直观形象的特殊奖励——让学生的成长果园里生长出"创新思维之树"。

5. 家校共育

在创新思维课程开展之初，并不是所有的家长都能够理解并积极配合学校开展教学工作，我想这是对创新思维理念的不了解造成的。对于这种情况，我们是非常理解的，毕竟家长作为非教育工作者，常常无法学习到最新的教育理念，对创新思维更是了解甚少，把学校即将开展的创新思维课程戏称为无用的"手工课"，为了能够改变部分家长的这种想法，我们努力将课程尽量全方位地展现给有疑问的家长。首先，在上课过程中，孩子们常常因一个问题讨论得热火朝天，每个孩子高高举起的手、学生之间思维的碰撞，这样的热闹场面和智慧的生成在其他科目的学习当中是难以看到的，于是我请老师们将课上的这些精彩的小片段以视频的形式发到家长群里，让家长看到孩子们头脑风暴式的讨论，部分家长通过这种方式看到了自己曾不善表达的孩子开始在课堂上积极发言并勇敢地说出自己的想法。对于家长来说，孩子的点滴进步都是送给他们最好的礼物，家长开始慢慢接受并开始认同创新思维课程。虽然这种视频传递的方式能够让家长了解孩子在课上的表现，但毕竟记录的片段有限，不能完全呈现出课堂的真实效果，因此在每月一次的家长开放日时，我们为家长呈现两节课：一节语文或者数学课、另一节课就是创新思维课程。这样做的目的在于让家长能够亲身参与课堂其中，直观地体验创新思维，请家长真正地参与到课堂中与孩子们共同思考探究问题、设计方案，一起动手操作。这种亲眼看、亲手做的课程体验，使创新思维课程真正得到了家长的肯定和认可。

6. 拓展延伸

2018年11月份面向1—5年班主任、学生和家长举办了雏鹰实验小学首届"惠众"杯创新思维活动大赛。我们为大赛分层设置了这样几个比赛项目：教师层面的——教师创新思维优秀课例评比、教师创新思维优秀教学设计评比；学生层面的——学生优秀创意作品设计评比，以及教师、学生和家长共同参与的"我与创新思维故事"征文评比，包括学生篇、教师篇、家长篇。在教师创新思维优秀课例的评比中，年组的教师通过互相听课、共同研讨，最终推选出两名教师，在全校进行了精彩的观摩课展示。在学生创意作品评比活动中涌现了许多有趣而不乏实用性的作品，如四年五班王诗涵同学的创意作品《多功能发卡》就在众多作品中脱颖而出，她想发明一款带耳机的发卡，这样她就可以让自己很漂亮的同时还能听音乐，这个美观实用还富有创意的奇思妙想受到了不少同学的关注和点赞。在"我与创新思维故事"征文评比之家长篇中，我们看到四年四班杨世良妈妈这样写道："在刚接触创新思维课时，有一节课程内容是，'如果一个生鸡蛋在水里碎了，鸡蛋清会到处流淌吗？'当时我不允许孩子做实验，因为我怕鸡蛋碎了蛋液流的哪都是，太脏了！后来孩子告诉我，他通过进行创新思维课程的学习明白鸡蛋在水中碎了会由于水的压力和蛋内有一层薄膜保护，使蛋液不会流出来。于是我意识到，是创新思维课程开启了孩子丰富的想象力，也提升了孩子发现问题、分析问题、解决问题的能力，作为家长必须支持创新思维教育。"

这次创新思维大赛活动为老师、学生和家长提供了参与的机会，在师生联动、亲子互动、动手动脑的同时，使创新思维的理念和课程得到了家长们的认可和喜爱。在家校的共同努力下，今后我们的孩子无论在学校还是在家中、在学习时还是在生活里，都能饱含着对创新的热爱和热情，将创造之思深植头脑中，认真去学习、大胆去尝试，真正增强未来社会生存的竞争力。

7. 答疑解惑

随着创新思维课程的开展和深入，学生的思维得到发散，教师的教学水平也得到提升，同时在教学实践中也开始不断遇到教师教学和学生学习中出现的新困惑、新挑战。针对这些亟待解决的问题，每学期我们都把专家请到学校来指导，或者让我们的教师走出学校去学习。"请进来"的专家引领课程，"走出去"的教师寻求方法，夯实我们的创新思维校本研修，如：请中国发明协会理事、创新思维方面的专家李国昆老师到我校做系列专题讲座。李老师不但绘声绘色地为我们解读了创新思维的理论，还亲自上了一节生动有趣的创新思维课，和我们教师面对面交流教学心得，同时走进课堂，听我们的老师上课，进行一对一教学指导。我们还走进合作校岐山一校开展说课活动，共同切磋一起进步。

8. 交流碰撞

创新思维课程在我校的成功开设与反响,吸引了很多对此感兴趣的兄弟学校的关注。2018 年我作为创新思维教育共同体的理事,成立了"沈阳市创新思维教育共同体",让更多的学校参与到创新思维教育中来,为更多的孩子打开创新之门。2018 年 11 月,我受四川省 STEM 教育发展研究共同体暨 STEM + 创新思维教育研讨会议的邀请,将学校科技教育发展和创新思维教育的实施经验在大会上以《让创新的雏鹰快乐飞翔》为内容,与来自全国的教育同仁进行交流探讨,在思维上得到了碰撞升华;在分享中,我从践行创新思维,探索生命发展之路谈到了坚定创新实践,深刻感悟生命变化,用一个个课堂实例和一件件真实发生的小故事介绍着创新思维课程带给我们的全新变化;最后从反思创新课程实践,谈到了提高学校发展质量。每一个新事物的实践过程中都会有这样那样的挫折,每一个先进思想理念的转换吸收都是伴随着艰难前行,但就是这样的碰撞才会带给我们教育人更多的启迪与思考。创新思维课程是继我校成功开发科技校本课程后,对学生"科学精神"和"实践创新"两大核心素养培养的又一次深入推进。

2019 年我从教育面临的新时代社会背景出发,结合自己的实践观察和教育实验,分析教育目标的转移,提出发展学生创新能力的策略与途径,撰写了《创新思维课程的实践价值》的论文,并获得了辽宁省教育学会一等优秀论文,同时发表在《教师博览》2020 年第 1 期。

创新思维课程的实践价值

一、教育面临的新时代挑战

今天和未来中国,已经不得不融入技术加速进步、社会加速变化的洪流之中，变化和不确定性也已成为当今和未来社会的主要特征，而创新是应对变化的灵丹。因此，无论是个人还是国家，只有掌握了创新，才能获得生存和发展。创新需要创造性人才，创造性人才依靠教育。这也是著名国际组织和世界各国重视学生创新能力发展的根本原因，而创新思维能力是创新能力的基础能力。

以大数据和人工智能为代表的新一代信息技术正在加速改变教育的环境与目标。教育的环境因技术的推动处于加速和加剧的变化之中，如何在这种变化的环境中获取知识和发展能力，是教育必须回答的第一个问题；在这种变化的环境中，社会要保持持续的发展与进步，需要什么样的人才和劳动者，换言之，教育的目标如何做出适应性改变，这是需要回答的第二个问题，也是教育需要回答的核心问题。

二、国际组织、世界各国的积极回应

面对加速变化的社会环境，对于教育应向何处去的问题，著名国际组织和世界各国都做出积极而坚定的回应。

联合国教科文组织把学会做事（创新）、学会改变列入终身学习"五大支柱"中；世界经合组织（OECD）核心素养指标体系中"能互动地使用工具、能在异质团体中互动、能自主行动"等三个一级指标都指向了独立或合作创新，世界经合组织主持的、具有世界影响的PISA测试2021年将首测各国学生创造性思维能力；美国21世纪核心素养框架中，学习与创新素养排在三个一级指标的第一位，它包括"创造力与创新能力，批判思维与问题解决"；其他如欧盟、英国、日本等国家都把创新能力作为学生发展的核心能力。

我国自然也不例外，"实践创新"也已列入我国学生发展的核心素养框架，这意味着我国知识教育传统将不得不向重视实践创新能力的方向转变，这涉及教育的目标、条件、方法、资源、评价等方面的一系列改变。

至此，已不难理解，未来教育的基本目标就是发展学生的创新能力，为社会培养创新人才或创造性劳动者。教育要围绕这个目标做出全面而积极的改变。基础教育承担为培养创新人才或创造性劳动者奠基的重任。

三、创新思维教育的实践探索

基础教育既然承担为发展学生创新能力奠基的重任，那么，由于创新思维是创新能力的基础能力，因此，雏鹰实验小学把创新思维习惯与能力的培养作为促进学生有效发展的基础性工作，并在创新思维教育的顶层设计、推动创新思维教学实践等方面产出了符合方向的、具有应用价值的校本实践成果。

（一）构建理论基础可靠的课程理念

基于对创新教育相关理论的梳理和提炼，很多理论观点成为教育共识，例如人人都有创造力，是表现方式不同而已；人的创造力来源于个性潜能的有效发展等等。据此，在进行创新思维教育的顶层设计时，就确立了"人人都有创造力""创造力可以培养""具备创新思维的人更会创新"等创新思维教育理念，遵循"让每一个孩子都能公平地享受优质教育资源"的教育宗旨，面向1—5年级学生全员开设创新思维课程。实施创新思维课程之初，创新思维课程仅仅被理解为动手操作的实践活动课；随着课程的深入实施，校长和老师们发现创新思维课程的重要落点是在现实解决问题的情境中，不断促进学生反思和改进其自身的思考方式，进而发展学生的元认知能力（对思考的思考），而元认知能力的发展水平是学生创新思维能力和学习能力重要标志；创新思维能力发展是为学生终身发展奠基的理念，自此深入教师的心中。

（二）理念基础上的实践探索

课程教学实施过程中，在联合国教科文组织（清华大学）国家工程教育中心、北京惠众教育研究院等知名学术机构的学术指导、资源支持下，学校合理安排课程教学时间，推动家校合作教学模式；任课教师深刻领会课程标准、熟练应用课程资源，成为学生创新思维的引导者、支持者与合作者。

1. 特色明显的课时安排

学校利用每周一节的校本课程时间，各个年级开齐每学期12节课，每节课1个专题，其中：每个专题包含个人任务和小组任务，课堂任务和课后任务。

2. 灵活高效的教学准备与实施

与创新思维课程配套的网络资源平台全方位支持课程教学，包括课程标准、课件、教案、教材和学具视频等资源，教师只要登录资源平台，就能了解每节课的思维训练目标、新技能与方法和具体实践操作步骤，教师利用这些资源完成个性化教案设计。

为了提升教学质量和课堂效果，要求各年级组组织教师进行研究型备课，讨论本节课的关键流程，分析教材中每个案例的意图，明确教学的重难点，预判引导学生思考过程中可能会遇到的各种问题，并及时研讨出应对的策略。通过研究型备课，教师们的教学思路更加清晰，思维引导的流程更加明确，进而能高质量地完成每节课的教学任务。

……

实践证明，创新思维课程的每一个环节都是发散思维（指向解决问题的多种可能性）和求同思维（指向解决问题的优选方案）的交叉运用的结果，是多种思维方式综合运用的结果，并在反思和改进的不断循环中持续提高学生独特的创新思维能力。

（三）建设独特的课程优势

根据2018年学期末的面向1—5年级全体学生的调查结果，在所有校本课程中，创新思维课程受学生喜爱的程度排在第一位。作为综合实践课的一个类型，创新思维课程呈现了独特的优势与方法。

1. 独立思考和合作思考的有效融合

创新思维课程鼓励学生在已有知识与经验基础上从不同角度思考

问题，寻找解决问题的更多可能性，并能运用可靠方法选择令人满意的解决方案，通过反思自己的思考方式和思考过程不断改进自己的创新思维模式。同时，创新思维课程引导学生具备完整的自我意识，即正确认识自己的认知优势与偏好，正确评估自己的认知缺陷与不足，并且以开放的态度吸收新技能与新方法、并能通过合作利用他人的认知优势共同解决问题和完成学习任务。

......

2. 实践操作是强化创新思维的重要环节

创新思维课程中的实践操作环节也是这门课程的亮点，更是学生们的最爱，因为他们可以用学到的新方法或技能大显身手了。课程配有专用的创意工具箱，让学生把奇思妙想搭建成实实在在的模型。这不仅能唤起学生动手的激情，更能促使学生进行深度思考，并不断地根据搭建的结果进行反思。

在实践活动中，学生可以先观看课件中的操作视频，初步了解本节课创意工具的使用方法，针对复杂学具教师要进行适当的指导。例如四年级上册《制作一个双腿交替行走的机器人》，本节课用到的零件较多，制作复杂，年组的老师们会提前一起亲手实践，找到制作技巧，以便在学生操作时教师能深入到活动小组中进行指导。

......

通过对创意工具的实践操作，学生们既动手又动脑，让每个学生都乐此不疲的同时收获满满。

3. 通过评价引导学生元认知能力的发展

创新思维教育的重点和特色是促进学生创新思维能力以及元认知能力的发展。因此评价指标体系围绕这个核心任务设计，通过引导学生行为的转变促进学生创新思维习惯的养成和元认知能力的不断提升。

在学期开课前和开课后，每个学生都要使用创新思维课程网络平台，进行创新潜能测评和课堂学习质量测评，得到阶段性的评价结果。

同时，在每节课后，也会对学生的表现及成果进行即时性评价。

在课堂上，教师和学生会根据每个小组在关键环节的表现，评选出最有创造力和协作力的小组；学生利用思维转盘反思与总结，进行自我评价，评选出本节课班级的创新小达人。

思维日志在创新思维课程学习质量评价中占有重要地位，它是呈现学生自己思考过程与思考方式、在不断完善自我意识的基础上改进创新思维模式的记录和表达。在课后，学生要完成创新思维日志和创意活动，并提交到创新思维网络平台；教师通过平台批改作业，对学生提交的作业进行开放式评价（不以"对"或"错""好"或"差"评价学生学习成果），家长可以通过平台直接收到教师对学生作业的评价。

通过以上系统的评价，激发了学生、家长和教师对创新思维课程的兴趣，刺激了学生的想象力、好奇心和求知欲，保护创新与创造的环境与文化逐步形成。

4. 家校共同体担负起创新思维教育的责任

孩子创新思维习惯养成与创新能力发展，需要不间断地保护奇思妙想的环境，这就需要学校和家长结成教育利益共同体，本着对孩子未来负责的责任感和危机感共同承担起创新思维教育的责任。

在创新思维课程教学实施之初，个别家长不理解创新思维的内容和理念，把这个课程称为无用的"手工课"，不积极配合学校开展教学工作。为了改变这些家长的这种想法，学校努力将课程尽量全方位地展现给家长。

……

5. 依靠专业化的学术支持和课程服务

随着创新思维课程的深入实施，学生的创新思维能力得到发展，教师的教学水平也得到提升，师生间通过实践探究，虽然会不断地遇到问题，但也能不断地解决问题，不断产生新的创意。

在开设课程之初，教师对课程内容不熟，于是教师们在年级组微信平台上，开展创新思维小论坛，不断进行听课、磨课、反思、实践，精心打磨课堂教学，灵活安排课堂内容。例如有的实践活动很复杂，需要较长的时间，而课堂的时间是有限的，怎么办？各年组研讨后，决定把个别复杂的实践活动作为课后作业，让学生在家里进行创意搭建，家长不但能够及时给予指导，也能和学生在这个过程中增进情感。

创新思维课程的生成性很强，即使教师在备课时准备得再充分，有时也难以回答学生在课堂上提出的问题。遇到这种情况，教师团队会在下课后再次集中研讨，力求给学生一个更加宽广的思考空间；同时与北京惠众教育研究院的专家团队保持及时沟通，确保创新思维课程的正确方向。

创新思维教育专家的方向引领和实践指导，是教师队伍快速提高教学水平的关键途径。重视邀请国内知名专家对教师进行技能培训，或者安排教师走出学校学习与交流。基于专家引领的创新思维课程，不仅把创新思维教育教学建立在科学、可靠的基础之上，同时也启发了其他课程的教学方法设计与实施，为推进创新教育（以培养创造性劳动者为目标的教育）普及做好了环境和文化上的准备。

6. 通过成果提炼与展示巩固和提高教学水平

为配合创新思维课程教学，可以通过教师课例竞赛、学生创意大赛以及家长创新思维故事征文等活动，引导教师、学生、家长对创新思维教育的进一步思考，以期在成果展示中不断改进教学效果。

例如：课例竞赛中，孙老师的《如何用两只桶提水》，其最大的亮点就是能让学生带着思考问题"如何用一个4L和一个9L的水桶，准确地得到6L的水"进行动手探究，学生们通过实践，想出了多种老师意想不到的答案，让我们看到了学生们优秀、强大的思维潜能。

再如，四年六班苏同学的创意作品《多功能太阳伞》，这位同学创作的这把伞不仅可以遮风挡雨防紫外线，还可以在炎热的夏天给人们吹风，因为在伞上安装了太阳能发电板和风扇。

......

创新思维教育教学成果提炼与展示活动，进一步凝聚了学校、教师和家长的共识，调动了学生学习的内在动力，也是进一步提高创新思维教育教学质量的阶段性总结。

（四）结论

在创新思维教育教学实践中发现，创新思维课程不仅促进了教师个性化专业成长，还拓展了教师的教育视野与方法。创新思维课程把教育教学置于开放的背景下，直接指向应对变化和不确定性的创新（思维）能力。这既是技术加速进步和社会转型发展的客观需要，也是学生未来生存和发展的必要选择。创新思维课堂上学生勇敢说出自己的想法、表现出的无限想象力，都是满足未来需要的教育的缩影。这是教育的海洋中方向正确、动力充足的远行。

我校秉承"科学课程注重实效、科技活动不走过场、普及提高协同发展、校内校外达成共识"的科学教育理念，坚持"面向全体、突出重点、注重实效"的科技指导原则，形成了"抓普及、促提高、同发展"的科学教育模式。学校在2021年7月的"科学特色百校联盟"科学教育论坛第四期CCtalk线上直播交流会上，以《扎实科学教育之根，绽放科技特色之花》为主题做了经验分享。在此次分享中，学校"内外兼并增效课堂教学，让科技常态课不平常"的做法引发了参会老师的关注和兴趣。就一二年级的科技课堂我们展开了讨论：学校一二年级增设科学课，我们认为这是培养学生从小热爱科学、渗透科技理念的契机；学校安排曾经任教六年级的有着丰富教学经验的科学教师任一年级科学教师，从起始年级起系统的渗透科学精神与科学思想。在集体备课和团队研究中，成员们一致认为在低年级课堂上更侧重于培养科学兴趣，让学生爱科学、愿参与，科学教师们尝试课外资源与课内知识相结合的方式进行授课。如：在一年级《玩转小水轮》一课中，不局限于教材内容，通过教师的引导让学生利用生活中的材料制作一个小水轮,学生利用身边的各种材料,搭建成一个个可以旋转的小水轮,孩子们找来奶酪壳、乐高积木等自制风车、水轮,借助不同的外力,"用嘴吹""用手拨""用水流",像这样的科学课每天都在进行着。寒暑假里,由科学教师团队在假期前设计布置以科学学科为基础的科技作业,丰富学生动手实践能力、逻辑思维能力、创新创造能力。通过生生合作、师生合作、亲子合作等形式完成的主题项目式学习,让学生在玩中学、在玩中悟、在玩中开阔思维和眼界,科学之花在每一名学生的心里扎根、生长、绽放。

我在打造科技品牌教育的同时特别注重对学生科学素养的培养,从孩子的兴趣作为切入点,让每一朵花都能在适合自己的土壤里灿烂开放,让每个孩子都能在适合自己的环境中快乐成长,在丰富的科技体验中收获成功与幸福,让魅力科技花在"翔教育"的怀抱中如期绽放!

体育特色多举措

好动是儿童的天性,随着学校学生数量的不断增多,我发现有的孩子擅长篮球、有的孩子擅长足球、还有的孩子擅长健美操,孔夫子都说过因材施教,为何不给孩子们一个发展兴趣爱好的空间呢?于是篮球、足球课走进了课堂,同时还成立了阳光体育研究室,在立足课程改革的基础上又创编研发了《篮球校本讲义》《足球校本讲义》,在篮球、足球校本讲义的使用上,实施国家课程校本化。一、二年级每周一节足球、篮球课,其他年级每周一节篮球课,作为校本课程全员普及。2013年初学校形成了以《科技校本讲义》《篮球校本讲义》和《足球校本讲义》为三条主线纵向延伸发展的校本讲义体系。随着《篮球校本讲义》和篮球技能在学校的全面普及,篮球已成为雏鹰实验小学继科技特色之后的又一特色。

一、挖掘多重资源，构划校园体育活动体系

一是坚持开好每一节体育与健康课，培养学生终身运动好习惯。学校严格落实学校体育与健康课程开设的刚性要求，确保每周课时数。在体育常态课上用心提升每一种体育项目训练方式，探索多元教学模式，始终坚持"健康知识+基本运动技能+专项运动技能"的体育教学模式，教会学生科学锻炼和健康知识，指导学生掌握田径中的跑、跳、投等基本运动技能。

二是坚持上好每一节体育校本课，训练学生两项运动技能。学校体育教师大多有足球、篮球专业特长，利用这些专业资源，我校创编足球和篮球校本讲义，开设足球、篮球体育校本课程，全校开课，全

员训练。一二年级"趣味足球"和"魅力篮球"隔周进行，三至六年每周一节篮球课，结合学生年龄特点，由易到难逐步升级。目前，我校每名学生在体育课上就掌握了以往需要上课外特长班才能学会的足球、篮球基本技巧。

三是坚持上好每一节运动社团课，培养学生乐于运动兴趣。学校共开设"灌篮高手"篮球社团、"足球小子"足球社团、"炫彩"啦啦操社团、"冰旋风"轮滑社团、"正仁勇"剑道社团、"竹蜻蜓"空

竹社团等运动社团。社团中既有中华传统体育项目，向学生展示民间传统运动魅力；也有当前最炫酷的运动方式，将学生带入运动潮流前沿。学生每学期可以根据自己的喜好选择喜爱的社团，孩子们在社团中掌握新的运动技能。多年来，社团培养出众多文化水平和运动水平双高的学生运动员，他们获得各级各类运动奖项的同时，运动也激活了他们的思维，培养了他们的专注力。

四是坚持保证每天两操一锻炼，确保课间阳光一小时。在上下午课间操、课间活动的实施过程中，我们不断创新形式，从最初的广播操到京韵操，

再到现在已改版三代的篮球操，都深受学生喜爱；班级小型活动以自主选择为基础，参照各学段年龄特点，设计小跨栏、登云梯、跳房子等游戏项目。学生不仅掌握新的技能，还能感受舞动的畅快，游戏的乐趣。培养阳光健康、拼搏向上的校园体育文化，增强了文化自信，促进了学生刚健有为、自强不息的品格力量。

五是坚持创新每一类课外活动形式，激发学生内驱力。我校每年定期开展"体育节"，每学期定期开展阳光体育"校长杯"篮球争霸赛，这是我校一项重要的赛事活动。在刚刚结束的第二届"校长杯"篮球赛上，我校以"舞动篮球　乐享童年"为主题，三至六年所有班级都组队参赛，通过预赛、决赛评选每个年组的冠亚季军。

二、形成家校合力，建立校外运动激励机制

一是菜单式体育作业让运动更自由多元。为了加强校外体育锻炼，体育组在主任李明旭的带领下设计菜单式体育作业，体育组结合不同学段学生年龄特点、教学内容、学情、家庭环境等因素，进行作业的分类。作业清单中分设运动技能、趣味游戏两大类运动项目，每个项目准备多类运动供学生自由选择，学生根据自身实际情况选择项目打卡练习。月末体育教师验收练习情况和效果，并对各班练习整体情况进行反馈，对进步大的学生给予表扬。自由式选择、阶段性验收、鼓励式督促使体育作业让学生喜欢完成、愿意坚持，真正补充和延展了体育课堂。寒暑假、新冠肺炎疫情期间，我们仍然坚持布置"菜单式"体育作业，每一项运动都以教师或学生录制动作视频的形式，让学生更直观地看到动作解析、运动方式，让体育锻炼更加规范、更具实效。

二是连续性体育练习让运动更规范有效。跳绳是一项能促进身体机能、提高手脚腕肩等部位协调能力的运动，红梅校区一年级开展21天跳绳习惯打卡活动，我们不仅关注学生会不会跳、能跳多少，更关注姿势是否标准、动作是否协调、幅度是否合适、强度是否合理。通过连续性的打卡训练，33%的学生从不会跳到会跳，100%的学生一分钟跳绳的个数得到了明显提高，96.7%的学生都能规范轻松的连续跳跃，甚至还涌现出许多花式跳绳小能手。

三是亲子类体育游戏让运动更便捷有趣。疫情居家期间学校研发的居家亲子运动游戏深受学生和家长的欢迎，一直沿用至今。我们在假期设计心肺协调类运动、耐力类游戏、平衡性练习、力量性练习等相关游戏，让锻炼在室内外都可进行，在亲子互动间传递亲情。

孩子们的能力超乎我的想象。在师生们的努力下，我们收获了丰硕成果——全国篮球特色学校、全国足球特色学校、全国啦啦操实验学校、全国冰雪进校园特色学校、辽宁省国防教育示范校……这些都是孩子们送给雏鹰实验小学最好的礼物！学校也因为多彩的特色被社会认可，得到了更广泛买的关注。2018年12月我应邀到重庆参加了第四届加强学校体育卫生工作中小学校长研讨会，以下是我在会议中的经验交流发言：

以"高阶高端高质高效"为体育工作目标，打造校园健翔体育文化

在东北老工业城市沈阳，有一所集"全国青少年篮球特色学校""全国青少年足球特色学校"于一身的实验小学，她以努力践行高阶打造体育团队、高端打造体育特色、高质落实体育素养、高效保障体育经费"四高"工作目标取得的成绩，把一所2008年9月建校时只有2个教学班、50名学生、11名教职员工、体育工作零起点的学校，通过10年磨砺，打造成为目前沈阳市体育特色涵养丰厚的一所德智体美劳全面

发展的实验学校，这就是沈阳市铁西区雏鹰实验小学。学校通过 10 年发展，今天已经是一所拥有 56 个教学班、2500 余名学生、123 名教职员工的学校，我们秉承"让师生翱翔在梦想的天空里"的办学理念，踏实践行"翔教育"、深耕"翔文化"、开发"小翅膀"校本课程，以"让每一个孩子拥有飞翔的翅膀"为课程理念，走特色发展内涵提升之路，努力打造品牌教育。这些年在学校的发展过程中让我引以自豪的就是我校体育工作的发展。从建校之初，我们就把体育工作作为学校一项重中之重的工作，我也常常跟老师们讲："孩子的成长，健康是第一位的，而体育运动是促进孩子身体健康、心态阳光最重要的事情。"

下面就我校体育工作从四个方面向大家做以汇报：

一、通过科研引领、有效激励，锻造团队精神，高阶打造体育团队

从建校之初的 1 名体育教师到现在的 12 人优质团队，我校体育教师队伍不断壮大，现有 2 名体育硕士、10 名本科体育教师，平均年龄 27 岁，专业全面特长互补。由于都是年轻教师，所以会上、上好每一节常规体育课是重中之重。我们要求教师在传授学生运动技能的同时，要把"学生体质健康目标"放在第一位。要求教师研究学情，根据学情制定教学目标和教学手段，要把体育课堂做成高效的课堂，课堂练习密度不能低于 60%，杜绝"放羊"式教学。我们也常常把市、区体育教研员请到学校专门对体育教学进行跟踪指导，为体育工作把脉，进行"师徒结对""私人订制""走出去请进来"式培训。体育组成立了"阳光体育研究室"，每周固定时间、固定地点，开展小课题研究，把学科组升级为科研组，以科研引领体育工作的发展，这一切都是为了带动全组老师提高科研意识、培养专业素养、提升教学能力。

"宝剑锋从磨砺出，梅花香自苦寒来"，我校体育组教师近三年内

1 人获得教育部一等优秀课、1 人获得省优课、2 人获市一等优秀课、15 人次获区一等优秀课、1 人获市体育教师基本功大赛个人单项一等奖、2 人获得区体育教师基本功大赛一等奖、1 人获得市优秀论文、2 人撰写的论文在 2015 年第 2 期《辽宁教育》上发表，今年体育组被评为沈阳市优秀教研组。

二、通过满足兴趣、百花齐放，取得突出成绩，高端打造体育特色

我们先尝试着鼓励篮球专业的体育教师组建学校的篮球队，我们从一年级下学期开始选拔队员，从最开始的几个队员开始练习基本功到现在的三个梯队；每个梯队，每天早上 7 点开始训练、下午 3 点——4 点半训练，这几年我校一直都是我们区冠军；三次参加沈阳市比赛，一次冠军、两次亚军，我校被评为沈阳市篮球传统项目校、全国青少年篮球特色学校。我们的教练员都是学校普通的体育教师，他们除了上好体育课就是抓运动队训练。现在我们通过一支篮球队的日常训练已经带动了全校学生喜爱篮球；"阳光体育研究室"创编了篮球校本教材，全校开设了篮球课；每周一节的篮球课，提高了学生的责任意识、团队意识、竞争意识。在一首音乐下按照学生年级特点将全校普及的篮球操分成了三个水平进行教授，现在我们的学生人手一个篮球、人人爱打篮球、人人喜欢篮球。

校园篮球成为我校特色的同时我们还积极打造校园足球队、校园啦啦操队。目前我校是全国青少年足球特色学校、全国啦啦操五星级俱乐部、全国啦啦操实验学校。我们要让每一个孩子们都有个好身体，让每一个孩子的兴趣能够自然的生长。

三、通过关注常规、科学引领，力求取得实效，高质落实体育素养

学校建校初的几年，我们把体育工作重点落在了课堂上，而体育课堂上我们又把重点落在了体育课的规范性和学生技能的培养上。随

着社会的发展和社会人才培养的需求，我们更清醒地认识到，小学生参与体育活动除了要发展运动能力之外，学生的体育情感与品格、健康知识与行为的培养更为重要。所以现在学校的体育课、运动队训练、小型竞赛、阳光体育大课间、体育社团等活动的开展都紧紧围绕落实学生"体育核心素养"来进行。例如：我们在体育课上更加注重学生体育品格的培养，体育教师巧妙构思教学设计促进学生能坚持、守规则、善合作、顽强拼搏意识的体育品格养成；在篮球社团、篮球队训练、大课间活动中，除了重视学生运动能力的培养，我们更重视学生自主锻炼习惯、终身体育运动意识的养成；我们注重对学生进行健康知识传授的同时，更注重学生健康行为习惯的养成。例如：我们冬季的阳光跑步，我们会给孩子讲冬季阳光跑步的重要性、冬季有氧运动会对身体有哪些好处，同时也会告诉学生冬季阳光跑步的科学呼吸方法，我们不是一讲一做就完事，而是这么多年一直坚持执行。现在我校体育工作已经形成了"两个一"，既一种文化："健翔体育文化"、一种意识："健翔体育意识"。

四、通过专款专用、及时落实，提升工作热情，高效保障体育经费

每学年学校召开校务会议时，我们都会重点强调体育经费必须专款专用，体育教师每年都有春夏秋冬四季服装补助；体育教师业余训练均按照市里文件规定给予补助；课间操教师带操，全部计入工作量折合成课时费；另外体育教师作为教练员带队参加比赛，我们会按照成绩给予教练员奖励；学校开展体育活动需要的设备器材我们都会克服困难满足需求；学校评市优秀学生，篮球队固定一个名额；每年教师评先进、职称，体育组雷打不动一个名额；目前已有2名体育教师走上中层领导岗位，12人中有6名是中共党员。学校对体育工作的重视也激发了体育教师工作的热情，他们积极专研教学，紧抓各个训练

队训练，努力践行学校健翔体育文化育人思想。

展望未来，我们将会以智慧、勤奋、活力、创新，迎接新的挑战，为把学校建设成学生健康成长、教师实现自我价值、师生共享的"幸福翔园"而不断努力奋进！

2021年7月6日，"辽宁省暨沈阳市第三届全民冰雪运动会启动仪式"在我校隆重举行。辽宁省人民政府副省长王明玉，辽宁省委教育工委副书记、省教育厅党组书记、厅长冯守权，辽宁省体育局党组书记、局长宋凯，沈阳市委常委、副市长王少林等领导出席启动仪式。王明玉副省长在看过学校的体育特色队展示后，对学校的体育工作给予了充分肯定，他欣喜地夸赞学校体育运动基础做得好，孩子们是最大受益者，并鼓励我校女足队员好好锻炼，将来为国争光。作为有着"全国青少年冰雪特色学校"荣誉的我们，在着重发展校园体育文化的基础上，将冰雪项目的开展纳入学校发展规划和年度工作计划，开展了知识宣讲、玩转冰球、冰雪体验、冰嬉节等系列活动，建立了冰雪运动训练基地，成立了冰雪运动队及陆地冰壶队。雏鹰实验小学教育集团共计1500人次上冰参与训练，真正做到了体育运动行于外而达于心，体育运动成为我校塑造好孩子的最佳途径之一。

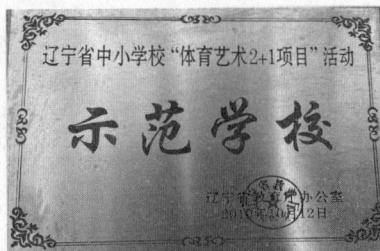

美育特色花绽放

"以美育人，向美而生"。2008 年学校建校以来一直重视美育教育，形成美育工作机制，将美育贯穿于学校教育的全过程。在学校美育的发展中，紧紧围绕校园文化艺术环境构建、美育课程建设、课内外艺术活动开展、学校美育教科研、师生审美素质提升这几大主线开展工作。以美滋养校园中每一个儿童生命个体，抓住教育的每一个契机，让校园呈现翔之美韵、艺之华彩，让师生翱翔在梦想的天空。

一、打造"翱翔"校园，灵动与优雅共存

灵动是鲜活充沛的，优雅是令人向往的，它们都透出生命本身的气质。孩子们被课业压得喘不过气来，教师被比较成绩而形成优劣阵营，这样的学校就不会是一所好学校。什么是好学校？孩子们表情舒展、教师们精神敞亮，这才是师生该有的生命状态。

校园是一个充满记忆的场所，学校环境留下了师生活动的足迹和成长中的笑容，积淀着学校的历史、传统、文化和社会价值。在雏鹰实验小学的校园里，随处可见这样的美好。我们积极开发可利用资源，搭建各个空间、长廊、小舞台，把孩子的个性发展需求放在首位，为孩子们提供体验、探究、发现、展示的情境空间，校园文化每一个细节每一个角落都充满儿童成长的气息，记录儿童成长的足迹。在校园环境文化的建设中，我们变观赏性文化为体验式文化，学生是文化创造、参与和体验的主体。墙上挂的是学生的作品、学生的影像，班

级门前展示的是班集体的特色和师生的精彩生活；艺术社团活动中心展示区域是孩子们的独立创意设计；校园里每一间教室、每一面墙壁、每一个角落、走廊里的每一个挂饰，都凝结着老师和孩子们的智慧与心血。装饰美化不仅仅是视觉效果，反映更多的是关注孩子们的喜欢。孩子只有喜欢才愿意参与，才能成为体验的主体、才能发挥每件作品潜移默化的艺术文化熏陶作用。在这样环境文化的熏染和映衬下，孩子们的眼睛总是明亮清澈、有美好期待的；教师们的行色总是从容优雅、有专业自信的，这里每一个生命都自然而然地生长。这里总有一种难以言说的气息，在校园里弥漫开来、传播出去，这都源于学校个性、多彩的美育特色。

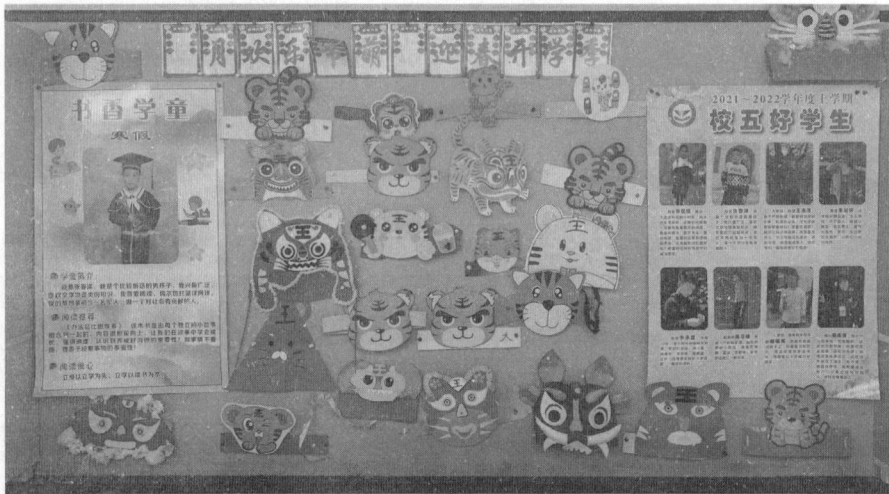

二、构建"博翔"课程，丰富与拓展共现

学校充分发挥艺术学科教学在学校美育中的主渠道作用，积极推进以"审美为核心"的艺术学科教学改革，学校严格按照国家和辽宁省颁布的义务教育课程实施方案开齐开足全部课程，建立完善的评价机制。在认真落实国家课程和地方课程的同时，进一步丰富、拓展校本课程，以"博翔课程"为载体，建立学生喜欢的、文化气息浓郁的、生命自由舒展的"美翔艺术课程"体系。学校先后自主研发了《合唱的技巧》《滴滴答竖笛》《巧手折纸》《快乐儿童画》《儿童画创

作》等校本课程，以艺术校本
课程的开放性、参与性和选择
性，发展学生兴趣特长、拓宽
学生知识领域、改善学生学习
方式、丰富学生情感态度，生
动体现了我们的办学理念，鲜
活彰显了翔文化的艺术特色，
深受孩子们的喜爱。

　　"小乐器进课堂"实验探
索在我校更是颇见成效——铝
板琴走进低年级课堂后，老师
们利用每一节音乐课巧手施教，
将节奏训练、旋律听辨以及演
奏技巧等融入课堂，通过坚持
不懈地练习，现在孩子们已经
能够运用铝板琴演奏并进行节
奏的改编创新。和铝板琴同样
受孩子们欢迎的竖笛也在我校
全面推广，我们将竖笛作为体
育艺术"2+1"工作中的艺术
特长在全校铺开，一件小乐器

丰富了孩子们的音乐视野，生动了课堂，打破了音乐课的传统模式，
也给孩子们提供了广阔的展示空间。2014年6月，学校代表铁西区迎
接沈阳市第一批"小乐器进课堂"学校教学成果验收，孩子们以最优
美的琴声与悠扬的笛声回报教师们的慧心传授，获得了市里领导与专
业教师的一致肯定。

　　在"翔教育"的引领下，尊重学生的不同需求，面向全体培养兴

趣、提升品味、成就梦想，构
建成了基于培养学生核心素养
的"博翔课程"体系，为学生
搭建选择性学习平台，满足了
不同学生多元化发展需求，赢
得了社会、家长的普遍认可。
我们根据学生社团活动的特点

以及我校现有的教育资源及教师的指导力量，在社团活动课的课程设
置上体现了多样化；在教学模式上，我们采用了社团活动地点固定、
授课教师固定的走班制；学生根据自己的兴趣爱好选择参加的社团活
动，充分发挥主体性，拥有充分的自主学习空间，让学生深刻体会到
"想学什么，自己做主!"

三、开展多彩的课外艺术活动，兴趣与梦想共生

学校的美育贯穿于多彩的课外艺术活动中，学校的管弦乐团、童
声合唱团、舞蹈队、书法队、绘画队、软陶工作坊、啦啦操队作为社
团活动的延伸，坚持每天早、晚训练，在各级各类比赛中捷报频传：

"翔之韵"啦啦操队在2016铁西区中小学生健美操比赛中荣获特等奖、沈阳市中小学生健美操（啦啦操）比赛中荣获冠军，我校被评为全国啦啦操"五星级俱乐部"；"翔之声"童声合唱团从2013年起每年在沈阳市中小学生艺术展演中都获得一等、二等奖，并在中秋夜唱响盛京大剧院，在国际沈阳合唱节中获得一等奖；"翔之悦"管弦乐团连续两年在铁西区、沈阳市中小学生艺术展演中获得一等奖、2016年荣获沈阳市中小学生新年文艺汇演一等奖、2019年在辽宁省第六届中小学生艺术展演评比中获管乐小学组一等奖；"翔之梦"舞蹈团连续两年在区艺术展演中获得一等奖、2016年沈阳市中小学生新年音乐会中以一支群舞《我爱你中国》惊艳亮相获得一等奖。2018年学校的原创舞蹈《鹰之舞》在10年校庆中精彩表现，孩子们用优美坚韧的舞姿讲述了雏鹰实验小学10年的风雨路程。2021年"翔之梦"舞蹈团在北京冬奥组委会、教育部联合举办的第二届"中外人文交流小使者"冬奥会开

幕倒计时100天活动展演上，再次凭借原创舞蹈《那抹红》作为压轴节目登上舞台，并以18.7%的投票率当选为"最受大家喜爱的节目"，同时获得沈阳市中小学生艺术展演舞蹈一等奖。

学校每年举办的艺术节、合唱节、艺术专场演出等活动，让雏鹰实验学子的校园生活因为艺术活动的丰富而更精彩。每年的艺术节，我们都会为各年级的孩子提供声乐、器乐、表演、主持、舞蹈、绘画、书法、摄影等多项展示的平台，通过听、说、唱、演、舞、书、画等艺术实践，让每个孩子在艺术活动中显露个性、发展特长、提升技能、展示才华、释放潜力。学校教学楼的正厅每学期为孩子们举办画展、书法展，每一年的"新年音乐会"更是为孩子们提供了一个展示自我的舞台，雏鹰实验小学的每一个孩子都像一个艺术的精灵，尽情挥洒他们的才华，他们绽放的笑脸就是学校"翔教育"最好的名片。

四、优化"慧翔"教师团队，点与面共赢

为了打造有着"翔教育"文化符号的雏鹰实验小学教师形象，学校从精神上、制度上、物质上给予教师支持，在成才、成名、成家之路上，努力建设一支师德高尚、业务精良、数量充足、结构合理，具有先进的教育理念和创新精神的教师队伍。

在我校艺术教育教师的教育教学实践和校本研训、竞赛展示活动

中,一个风气向上、思维活跃、团结进取的教师团队已经逐渐成长并成熟起来。我们结合学校教师结构的多元化、年轻态、多变性特征,通过阶梯式结构、双向式交流、实效性研修等措施,促进教师队伍的滚动升级。2011年学校启动了青蓝工程,对新教师进行一对一的帮扶,让骨干教师、教学能手和新入职教师形成以合作、互助为基础的教师专业共同体,艺术教师团队在学习共同体中成长发展,享受着职业幸福,彰显着生命价值。

我们鼓励并推荐骨干教师参加各级各类教学竞赛活动,为他们展示教改成果提供舞台,创设竞争向上的氛围,使更多骨干教师脱颖而出,成为市区具有影响力的教师。学校定期请专家讲学,有计划地安排艺术学科教师外出学习,通过教师开放课、教师集体备课、互相听、评课等多种形式,创建平等对话、合作交流、求异创新、共同发展的教学研究机制,提升教学智慧。

为提升美育研修品质,我们还成立了"美育教育研究室",研究室每学期确定一个小课题,每月研训两次,让教师时时刻刻既是教研者又是科研者。艺术教师积极投身小课题研究工作,以研促教、以研提质。实效性研修提高了教师的专业水平和专业技能,促进了教师的专业发展,激活了教师生活质量、生命质量,使教师具备了向课堂40分钟要质量的本领。学校在抓好艺术学科教师专业提升的同时还注重对所有教师审美素质的提升,学校的教师合唱团、舞蹈团、书绘小组充当美的使者让美的韵味弥漫校园。在全体教师中开展的读书交流会、诗歌朗诵会、茶道讲座、美好生活分享会、心理团训、艺术讲座等活动,让美在教师间传递分享。这些活动为艺术学科教师搭建了发展平台,磨砺了艺术品格,以美生慧、以艺润人。

学校的美育为师生插上了一双彩绘的翅膀,让他们在梦想的天空里自由翱翔。2017年学校荣获辽宁省中小学美育特色学校,2019年、2020年分别荣获辽宁省美育优秀教研团队和辽宁省中小学校"体育艺术2+1项目"活动示范学校。我们以"翔"的高度

和态度继续挖掘美育的优势资源,发展特色品牌,让雏鹰实验人都成为灵动的音符,让翔之美韵流淌、艺彩之光绽放!

课程改革强心剂

回顾学校发展的历程,我深切地感受到,学校要发展就要真正做到尊重教育规律,让儿童站在学校中心。只有用心做教育、用情办学校、用智慧滋养校园中每一个儿童生命个体,抓住教育的每一个契机,让校园充满幸福的味道、让师生翱翔在梦想的天空,才是学校发展应走的道路,才能真正地做到"减负提质"。

从2008年建校,2009年初我们就率先在铁西区开展生本教育实验研究的探索,构建起以培养学生学习能力为核心的"智翔生本课堂"教学模式,重抓"有效备课策略"和"高效课堂策略",以此转变传统的

灌输式教学。积极倡导互动式、启发式、探究式、体验式的学与教方式，让每一个学生从"能学会"到拥有"想学会"的强烈学习动机，从"会学"具有高水平的学习能力，到"强学"养成勇敢坚毅的学习品质。

随着课程改革的深入，我也在不断地思考与探索，我们进行课程改革的最终目的是什么？课改仅仅是"改课"吗？课堂教学方式的改革只是课改的"冰山一角"，学校课程系统建设才是教育和课改的核心话题。作为学校主人的师生们，只有在课程的建设中聚焦成长、贴近需求、全情参与、建构价值，才能实现与师生终身发展的无缝对接。我们理解，应把学校的课程改革与学生需求、教师素养提升和学校发展进行匹配，基于这样的思考，在课改实践中我们遵循着四项原则：一是回归性原则，我们把对教育的理解归位到教育最初的起点，即凸显为孩子们的成长和未来发展的服务功能。二是需要性原则，站在发展的角度去审视学生的需求和未来的方向，将课程订制的理念，从"我有什么给什么"转变为"学生需要什么设计什么"，切实满足学生的个性发展需求，防止出现两极分化的"马太效应"。

三是发展性原则，我们需要的教育不是提倡集体思维和"去个性化"的教育，而是培养真正具有深度和活力的各种人才的教育，学校的课改实践必须聚焦学生核心素养的凸显和提升，为学生的未来发展赋能。四是层次性原则，学校的课程建设从单体课程出发到类群课程，再到学校完整课程体系的建构，这种层层递进的课程结构，匹配学生六大核心素养的达成，满足了学生成长的

需求、成就了教师的专业自信并实现着学校的发展愿景。

在 2017 年我们迎接"减负提质"视导检查的汇报时，我梳理了学校近十年的课改路程，在汇报中我这样说：课堂是"减负提质"的主阵地，以提高课堂质量来实现"减负提质"是我们的不二选择。为此，我们积极开展"智翔"课堂教学改革实践，构建了"教师主导、学生参与、自主求知、互助学习、共同提高"的智翔生本课堂。"主抓课堂，向 40 分钟要质量"是学校课堂教学常年不变的宗旨，"让教育的主阵地在课堂"也是学校建校以来一直坚持的原则与立场。源于这份坚持，学校的课改经验吸引了很多兄弟学校前来参观与学习，2019 年 10 月、11 月农村校长培训和凌源市"三名"工程校长、教师学校实践培训现场会先后在我校召开。在会上，我从迎难而上、主动作为，多元办学影响新拓展的"学校建校缘起"；立足当下、面向人人，课程为孩子插上成长小翅膀的"学校课程建设"；积小流成江海，学校成为教师成长新舞台的"学校教师培训"；蹄疾步稳、守正笃实，管理工作精致有新动能的"学校科学管理"四个方面，与参会的校长们一起回顾了学校 10 年来的课改历程。我感慨道：2019 年是我们建校新 10 年的开局之年，与其说我们在过去 10 年的变化中求发展，未来 10 年我们更想在自我认知的发展中踏实求新，我们不是展望下一个 10 年的宏伟愿景，或是百年育人的壮阔画面，而是要放慢疾速前进的步履，静下心来聆听师生们拔节孕穗的成长之声——始终坚持"让师生翱翔在梦想的天空里"这一办学理念的教育初心，始终以此为我们翱翔新高度的起始点，也是我们逐梦再出发的生长点，因为梦想就是让我们坚持而又感到幸福的东西，也是雏鹰实验教育人的内在品质与

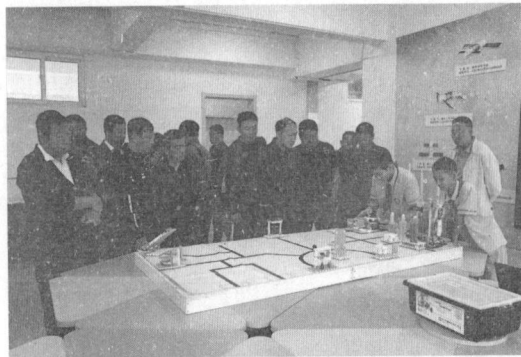

前行的姿态!

同年的 10 月,我又受邀参加了在葫芦岛市举行的辽宁省义务教育课程改革提高课堂教学质量现场会,在会上我将我校从建校以来在课改方面的有益尝试和从中收获的课改经验以《品翔之蕴 弘翔之魂》为题和大家分享。

2019 年 11 月 14 日,沈城第一场雪悄然而至,千朵复万朵,那是冬天在播撒春天希望的种子,也是为雏鹰实验小学圆满完成沈阳市教育局《义务教育学校管理标准》专项视导而欢喜雀跃。第二视导组在沈阳市教育研究院小学语文教研员任海宁组长的带领下,一行六人莅临雏鹰实验小学,进行了为期一天的视导工作。视导组从保障学生平等权益、促进学生全面发展等六大方面,进行了深入、细致、严谨、全面的督导检查。在此次督导之前,我首先在沈阳市教育局就《义务教育学校管理标准》工作情况向视导组进行了系统全面的汇报。我对标管理细则,从分层推进保障学生平等权益、注重实效促进学生全面发展、专注成长引领教师专业发展、实践创新提升教育教学水平、尊重生命营造安全和谐校园、规范办学建设现代学校制度六大方面,以"翱翔新高度 逐梦再出发"为题汇报学校发展策略,着重介绍了我们在新课程改革之路上进行的有益探索和收获,受到与会领导的高度认可。

2020 年我在《辽宁教育》上发表了题为《以"翔教育"为引领

助力学校高质量发展》的文章，学校的课改彰显了乐翔少年的个性、发挥了乐翔少年们无限的可能、带动了学校的高品质发展。学校先后被评为国家"学生营养与健康示范校""品质课程实验学校""新教育实验学校"；辽宁省"课程改革先进校"；沈阳市"劳动教育特色校""义务教育学校管理标准达标示范校""新优质均衡示范学校"等150余项荣誉称号。

第五章 "翔" 力量——"双减"
——生态的启程

　　"双减"，目的在于创设一个良好的幸福教育生态，让每一个儿童从教育内卷中走出来、让每一个孩子的潜能都得到释放、让每一位家长都减轻焦虑与负担。从雏鹰实验小学"让师生翱翔在梦想的天空"的办学理念上不难看出，我们一直力争为孩子们的成长做"减法"，为教育"松绑"，还孩子以本真、还教育以本心，面对学校走过的"双减"之路，我们的孩子这样说："喜欢这样的学校生活，学校不应该只是书本课的场所，应该体现兴趣爱好的地方；丰富多彩的校园生活，让我们有了舍不得长大的童年；我爱这样充满阳光、充满欢笑的校园生活。"我们的家长这样说："我们人生最好的时光都献给了'陪读'，即使不甘心却无可奈何；而这次减负，将作业交给老师、兴趣交给学校，家里不用'鸡飞狗跳'，每天也不用辛苦地奔走转场，确实减去了孩子和家长的压力；让教育回归该有的样子，这样的日子真好！"我们的老师这样说："小学一、二年级的学生，应该将更多的时间用在夜晚看星星、和小伙伴捉迷藏、与家人一起运动、与父母一起读书、做自己喜欢的事。"

"双减"政策文件发布时值 2021 年暑假，我便率先行动起来。利用难得的暑期空闲时间认真研读了文件精神，学习关于"双减"的相关政策解读。开学伊始，我又和领导班子成员反复地学习和研讨，和大家一起转思想、转理念，换思路、换方法，我觉得作为学校发展的领路人，要以未来教育的发展面对"双减"，我决心带领我的团队一起以全新的姿态迎接"双减"。从学校实施"双减"以来，全体教师以推动教育高质量发展为主题，坚持服务至上的价值取向，五育并举、严格"五项管理"、彻底进行"课堂革命"、搞活"课后服务"，我们以俯首甘为孺子牛的深耕姿态，保质有效地让"双减"工作扎实落地。

五育并举　　"双减"落地生根

一、实效推进"德育为先"

我校以《中小学德育工作指南》为指引，完善德育评价，注重德育在文化中熏陶、在学科中渗透、在活动中增强，开展以"五爱"、传统文化、养成、安全、生态、劳动、心理健康和家庭教育等为主要内容

的德育系列化活动，努力形成全员育人、全程育人、全方位育人的德育工作格局，全面提高德育工作水平。

一是"乐翔"德育课程。它是前述"小翅膀"校本课程的重要组成部分之一。课程的编写以"立德树人"为根本目标，道德是做人的前提和基础，即育人先育德，这既是雏鹰实验小学培养学生健康成长

和全面发展的关键，也是编写"乐翔"课程的出发点和归宿。《乐翔德育课程》由五个课程群构成，即"五爱"课程、生命课程、实践课程、节日课程、节气课程。2020 年学校推选"小竹芽"校园节日课程参评沈阳市义务教育优秀校本课程评选，被评为精品校本课程。

二是常态升旗仪式。学校每周一的升旗仪式都由一个班级承办，班级师生全员参与。在辅导员老师的带领下，根据每周主题群策群力自编自导自演，学生们通过 8 分钟情景剧的形式进行展示。在准备、排练、表演中就是一次最好的对学生进行思想教育的机会。形式灵活、内容丰富、主题鲜活的情景剧形式深受师生的欢迎，让每一名学生都愿意、也有机会参与其中。这样的升旗仪式为每一名学生搭建了展示自我的舞台，同时也抓住了和团队成员携手合作的最佳时机，小节目蕴含大意义。

三是缔造完美教室。每间教室都记录了学生成长的美好时光，所以打造"完美教室"成了一件快乐的事。首先由学校少先队大队部向全体队员发出倡议和号召，由队员们参与集思广益研究设计了"完美教室"标准："习爷爷寄语""班名""班徽""班训""班规""品行培养园地""书香芳草地""班级图书角""最美学生"，以及《中小学生守则》等内容，打造各有特色的班级文化，让学校、班级文化内化于心、外化于行。每月的班级文化墙展示都各具特色，实现了"让班级的每个角落都会说话"的环境育人目标。

四是缤纷校园节日。在建校初期，我就提出让学生们"天天过节"的设想，让学生们喜欢上学、爱上学校、收获快乐。我们把每个月都设计一个专属的节日名称，每年又会根据同期活动的主题需要略做调整，让学生在每一个节日里都有不同的收获和成长。以2020年为例，结合当年的新冠疫情和线上教学，我们设计了这样一些主题"节日"：

3月——线上"自护节"，争做"自护小明星"。

4月——线上"绘本节"，争做"阅读小书虫"。

5月——线上"艺术节"，争做"战疫小明星"。

6月——"收获节"，回归翔园乐享收获。

9月——"伙伴节"，让我们一起踏浪前行。

10月——"成长节"，让我们一起向阳而生。

11月——"环保节"，让我们一起勤俭节约。

12月——"生肖节"，让我们一起探寻传统。

每月一个主题节日，重视过节的仪式感。在月初学校会举行隆重的开节式，阐述节日的意义、内容、要求、评价方法，过节期间会组织丰富多彩的节日活动，让学生自愿选择参与，月末将这个节日的成长与收获、幸福和快乐记录在《幸福成长手册》上。

五是和谐家校共育。孩子成长无小事，一言一行皆教育，家校携手共育一直是学校发展的重头戏。学校申报了省级家庭教育的科研课题，并建立两级家长委员会制度，发挥各级家长委员会作用。每学年我们定期开展家长开放日、家庭教育讲座、家长安全第一课，招募家长安全志愿者等活动。学校与家长一道搭建科学有效的沟通方式，建立和谐的家校关系，达到家校内容链接、功能互补、配合密切的共育学生成长的家校"教育场"。

六是拓宽实践活动。学校制订了各年段"聆听窗外的声音"的社会实践活动方案。年

段不同，社会实践的地点也会不同。每次实践课程之前，老师们都会有针对性地先给学生布置研学报告，学生们带着好奇与问题在实践过程中观察思考寻找答案，他们或记或画、或认真倾听、或细致观察，通过校外德育实践活动，从"感受与领会"到"内化与行动"汲取了丰富的知识。

时间 \ 地点 \ 年级	一年级	二年级	三年级	四年级	五年级	六年级
第一学期	沈阳市科学宫	九一八历史博物馆	辽宁省科学技术馆	辽宁省古生物博物馆	辽宁省历史博物馆	沈阳市兵器博物馆
时间	12月	11月	9月	10月	1月	10月
第二学期	沈阳市北方图书城	辽宁省科学技术馆	抗美援朝烈士陵园	抗美援朝烈士陵园	中国工业博物馆	沈阳市铁西区杏坛中学
时间	5月	6月	4月	4月	3月	7月

二、潜心笃实"智育为重"

我校严格按照国家课程方案和课程标准实施教学，开足开齐所有学科，抓住学科本质提升核心素养。优化智育评价，系统传授科学文化知识、训练学生基本技能，培养和发展学生智力才能，使学生具有良好的学习品质和热爱科学的精神，切实减轻学生过重的课业负担。

一是深耕教研。我校教研活动坚持"减负担、高效能"的理念，以每周一次的集体备课活动为抓手，各学科组、教研组通过"研读教材——课例分析——经验分享"三步走，优化教学内容与教学方式，探索减负增效新模式，促进教学与"双减"融合衔接，最大限度实现课堂上学生多想、多说、多练，锻炼学生能力与思维，保障"双减"落地。

二是创新微课。线上教学期间，为了开阔学生视野发散学生思维，学校研发了多学科创意微课，充满趣味又蕴含丰富的多学科知识，每周三期定时推出。如低年级《汉字大变身》；中年级《五感法写春天》《生活中的数学》；高年级《古诗词飞花令》《巧手匠心》等，便于师生教与学的《网课小神器》、结合学校百家姓广场的《百家姓》等，均由老师和学生共同演绎制作，短小精炼创意无限。

三是"小翅膀"校本课程。作为学校课程组成中的关键部件，特色担当，在学校智育体系中同样必不可少。从发掘学校深层次文化精神入手，到规划与整合学校的文化内涵，建立以"翔教育"为课程哲学、以"让每一名儿童拥有飞翔的翅膀"为课程理念的"小翅膀"校本课程最大限度地发挥着育人的重要作用，最大化地满足了孩子们个性化与全面发展的需求。

四是书香校园。学校利用一切可利用的空间打造开放式图书馆、阅读空间、绘本书吧等，本着"将学校建在图书馆里"的设计理念，让学生们在翔园这座大图书馆里到处都能看到书，随处都可以读到书。为了更好地培养学生阅读兴趣，学校自主研发了低、中、高三个年级的《"快乐小雏鹰"阅读手册》。学生将自己的阅读心得记录下来，并通过手册来传递交流，与伙伴、教师、家长共读；每班每周在课表中都安排了一节阅读课，由班主任根据班级学生的喜好按计划带领学生共读一本书、品读一类书、荐读最喜欢的书，进行阅读的指导与分享。同时通过读书品鉴、摘抄记录、写心得感悟等方式，记录在《"快乐小雏鹰"阅读手册》中；班级每月还会评选出"阅读小明星"，以此来鼓励学生养成多读书、读好书的习惯。

五是特色科技作业。结合学校的科技特色，从 2010 年起每一个寒暑假学校都以特色的科技作业替代常规的假期作业，让学生们从自己感兴趣的课题出发，去观察、去探索、去实验，发现科学就在我们身边，人人都可以学科学、用科学。以 2021 年暑假为例，我们的科学团队教师就为不同年级的学生设计了妙趣横生的科学研究课题：一年级的"变废为宝，从我做起"、二年级的"节约粮食，从我做起"、三年级的"做个养绿护绿小能手"、四年级的"浮力的奥秘"、五年级的"我爱小发明"，六年级的"我是小小设计师"。学生通过观察记录、科学调查、查阅文献、设计制作、创新概念、发明创造等过程，开拓了创新思维、拓宽了知识视野，把理论知识付诸实践中，从实践中印证理论知识。

六是群文阅读。学校"1＋X"群文阅读教学将课内外内容有效结合，以内容的增加倒逼教材内单篇课文阅读教学的改革，通过精选教学内容与变化教学方式，实现课外阅读课内化，提高课文教学质量，提升学生的阅读素养。学生6年的语文学习，循序渐进、螺旋上升，让每个学生在6年内接触到最经典的作品和最精妙的语言，丰盈内心，开阔视野。

三、全力夯实"体育为本"

我校本着"阳光体育、全员参与"的原则确保每周课时数，严禁削减、挤占体育课时间，进一步推进体育教学改革，保障课时抬高底线。聚焦"教会、勤练、常赛"的体育目标，继续发展学校体育篮球、足球、冰雪、啦啦操等特色项目，确实提高学生身体素质，培养学生体育精神。

一是每天1小时。除常规体育课外，学生延迟上学后，学校号召早到校的师生在操场开展形式多样的小型体育锻炼。上下午的课间操内容安排有区别、体活课保障质量、眼保健操规范落实。

二是健翔社团课。学校开设篮球、足球、啦啦操社团、花式跳绳、武术、乒乓球、跆拳道、羽毛球等12个社团。社团中既有中华传统体育项目，也有当下最炫酷的运动方式，学生每学期可以根据自己的喜好选择喜爱的社团。多年来，社团培养出众多文化水平和运动水平双高的学生运动员，学校的篮球队连续六年蝉联区冠军。

三是多彩体育赛事。每年定期开展运动会、"体育节"、校园吉尼斯挑战赛、拔河比赛、跳绳比赛，尤其是每学期开展的阳光体育"校长杯"篮球争霸赛，更是我校活动中一项重要赛事，学生们激情参与、奋力拼搏，在运动中享受着自信与成长。

四是冰雪进校园。学校建立冰雪课程实践基地，1500平方米的室内冰场，学生一年四季都可以在这里进行全员冰上体验活动。通过"竞赛课程""夏季冰雪课程"和"七彩冰嬉课程"，全员体验冰雪项目的乐趣。三至六年级成立花样滑冰队、速滑队、冰球队、旱地冰球队、越野滑轮队、轮滑队和陆上冰壶队等多支冰雪运动队，激发参与冰雪运动的兴趣，全力提高学生的运动技能。

四、稳步践行"美育为根"

我校严格落实音乐、美术、书法等课程，结合地方文化设立艺术特色课程，将美育渗透于教育教学、常规管理等各项工作中。组织开展形式多样的、喜闻乐见的校园艺术活动，从学生的兴趣爱好出发，挖掘学生自身潜力和每位美育教师的学科特长，发挥其优势，帮助每位学生学会1至2项艺术技能，提升学生感受美、享受美、审视美、表现美的能力。

一是开齐上好每节课。严格按照国家要求，认真落实音乐、美术课的教学任务，不断提高艺术课的教学质量。积极探索音乐、美术课所能采用的新式教学模式，让学生在寓教于乐的课堂氛围中学习；分学科确定有实际价值的小课题研究，学期末针对课题展开研究，分享收获。

二是艺术技能人人会。人手一个小乐器，扎实推进小乐器进课堂的目标。1~3年级开设铝板琴教学、4~6年级开设竖笛教学，另外1~2年级还开设了陶笛课程；全校推广"中国少年说"武术操、京韵英姿操、"翔韵红伞"团体操，实现每位学生学会1至2项艺术技能的艺术教育目标。

三是美翔课程寻突破。根据学生的兴趣需求，寻求社团课程新亮点和发展点，提高社团活动的效率。学校的"三队两组"坚持日练、月展、末赛的方式，保持美育训练队的成绩，助力学生的艺术发展。

四是艺术实践多亮点。坚持每年一次的艺术节展演、美翔课程的学期验收、新年音乐会、班歌会、学科素养评价、书法作品展、油画展等常态工作，发挥学校美翔空间的作用，让学生处处都能展示自己，进一步提高了审美能力，陶冶了情操。

五、扎实贯彻"劳动为荣"

我校本着"劳动为荣"的宗旨，把加强劳动教育摆在突出的位置，我们精研劳动教育指导纲要，明确了不同学段、不同年级劳动教育目标要求，探索建立劳动清单制度，明确了学生参加劳动的具体内容和要求。加强过程性评价，将参与劳动教育课程学习和实践情况纳

入学生综合素质档案。2020 年 12 月，我校被评为"沈阳市首批义务教育阶段劳动教育特色学校"；2022 年 1 月，我主持的课题《小学开展劳动教育实践的研究》被列为辽宁省教育学会"十四五"规划 2022 年度课题。

一是优化课程结构。优化综合实践活动课程结构，确保劳动教育课时不少于总课时量的一半。通过劳动教育的课堂学习，孩子们掌握了许多生活必备的技能，还学会了不少生活方面的小技巧、小窍门，使他们成为热爱生活、有模有样的"小小生活家"。

1. 课程模式。学校"1+N"劳动育人课程是一个促进学生全面发展的育人系统，将家庭、学校和社会有关的劳动项目纳入学校整个劳动教育体系中。"1"代表新时代劳动教育，"N"代表劳动课程的多样性、丰富性和层次性。

2. 教学讲义。学校成立由校长为组长、副校长为副组长、全体劳动教育学科教师为组员的研发团队，创编了"自理能力""劳动实践""社会体验"三个课程版块的《劳动校本讲义》，每年级一册，每学期分年级、有梯度的实施教学。这套劳动讲义完全是遵循着学校所在地域特点，遵照区域学生的家庭、成长环境特点编写。通过学会整理、学会实践、学会关心他人，理解劳动价值，感受劳动魅力。如：五年级的《做好午餐管理员》一课，编写时考虑到中午用餐过程中，班主任每天为学生盛饭，一边要叮嘱站好队有秩序、一边要照顾到学生是否都吃饱了，还要避免浪费的问题。围绕着这一实际情况设计编排教学活动内容。通过这一课的学习，让每名学生都做一天小小管理员进行职业体验，不仅学会做午餐管理员的本领，同时促进学生换位思考，自觉遵守就餐纪律，做到节约不浪费。

3. 融合课程。学校将劳动教育元素渗透进常态化全学科教学，与语文、数学、音乐、美术、科学、综合实践等学科内容结合，每学期初教学领导团队和各学科研究室共同探索适合进行劳动融合的授课内容，通过集体研讨确定主题、教学思路，分头查找资料，研讨教学设计和流程。如：统编版小学语文教材富含劳动教育元素，劳动教育贯穿始终，关联了语文园地、口语交际、习作、阅读、快乐读书吧等教学版块，覆盖一至六年级；教材中不但安排有散点的劳动教育元素，而且还有整体性的劳动教育单元设计，一定程度上为集中进行劳动主题教育提供了可能。

教材	篇名	劳动教育要素
一年级下册	《吃水不忘挖井人》	劳动可以造福后代，不断的劳动才能造就幸福生活，因此要养成劳动的习惯。
二年级上册	《寒号鸟》	生存需要劳动，不劳动就无法生存。

续表:

三年级下册	《纸的发明》	劳动需要尝试,在进行不断的创造性尝试(劳动)后,终将迎来成功。
四年级下册	《纳米技术就在我们身边》	
五年级上册	《落花生》	劳动者默默无闻的奉献精神。
六年级上册	《三黑和土地》	热爱土地,热爱田间劳作。
六年级下册	《为人民服务》	劳动者坚持默默无闻的奉献精神值得我们学习。
六年级下册	《真理诞生于一百个问号之后》	在劳动中学会坚持和思考,才能有创造性的收获。

将语文学科学习与劳动教育充分融合,实现"双赢"的教育目的。

二是细化评价工具。学校采取定性评价和定量评价、过程性评价和展示性评价、达标性评价和竞技性评价相结合的多元评价模式,将劳动育人效果纳入师生专业能力评价,鼓励教师创新性开展劳动育人研究,培育师生的"工匠精神"。

1. 打卡评价。学校出台了"劳动护照"打卡活动,每周一至周五,每天有固定的生活自理小习惯,从盥洗清理、整理内务到洒扫庭除、烹饪料理、校园劳动,周末一项特色作业,学会新技能或者参与社会实践。学生坚持参与,掌握生活本领,养成勤劳的品质,同时对学生进行生命、生存和生活教育。"恭喜你又解锁了一项新技能!""儿子今天学会了炒鸡蛋,真棒!"家长们在劳动护照上的小点评更增添了孩子们不断劳动的信心,一本小小的劳动护照,是每个孩子一学期劳动成果的体现,量的积累必将带来质的飞跃,每学期学校评选出劳动技能小能手、劳动技能小巧匠和劳动技能王。

2. 竞赛评价。学校定期开展按学段、分项目的"劳动秀"竞赛展示。低年级生活自理类项目——"我会择菜""我能系鞋带";高年级居家比拼——"水种蔬菜""冰箱大清洁"等,每学期不同项目,孩子们学在其中、乐在其中。

三是特色化种植劳动。校园在操场一侧专设学生种植实践基地,开垦出一片小农田,各班级承包责任田,种植各类观赏类树木和果树,银杏树、小桃红、粉玉兰、樱花;苹果树、山楂树、桃树、杏树、小樱桃、脆枣、葡萄藤,劳动教师和孩子们一起结合二十四节气从培苗、洒水到施肥、剪枝,精心呵护陪伴成长,播下的是希望、收获的是幸福。"我班种的山楂最好吃!""我班树上的小毛桃最多!""我们小组做的葡萄汁好喝得很!"每到收获季节,孩子坐在树下品尝美美的果实,并用自己的画笔和文字记录下这美好的时刻。

平日里的种植实践以 2022 年 3 月我校开展的"我为春天添抹绿,健康蔬菜我培育"——厨房里的水培蔬菜种植活动为例。(学校公众号文章转载)

【翔·创翔】我为春天添抹绿,健康蔬菜我培育——厨房里的水培蔬菜种植活动(一)

今年的春天有一点儿不同,绿叶菜一夜成为今春沈城顶流"奢侈品"。科学团队的教师们给乐翔少年布置了一项小任务——在厨房里水培蔬菜,一起给宅家生活增添一抹春天的嫩绿色彩。

你知道吗?水培蔬菜不仅具有观赏性,而且还能炒一盘香喷喷的菜呢,比如:蒜苗炒鸡蛋、小葱拌豆腐,等等。还在等什么?让我们行动起来吧!

时间过去了一周,乐翔少年们家里的花瓶已不再插满鲜花,矿泉水瓶里也不再盛满水,取而代之的是一颗颗绿叶菜,种菜、换水、采摘、品尝、乐翔少年们忙得不亦乐乎。自己动手丰衣足食,品尝美食的同时也学到许多科学知识,寓教于乐,一举两得。

【"速成型"蔬菜】

速成型蔬菜主要指居家易生长"产量"高的蔬菜。

1. 小葱

小葱是餐桌上每道菜的必备点缀品，水培小葱时一定要留住小葱的根，选择带"须根"的小葱，把小葱根部3—5厘米的葱白浸入水中，每1—2天换一次水，一周后就长出新的小葱啦！这样，妈妈每天烧菜时撒一点儿葱花，吃到自己培育出的小葱真香呀！

2. 生菜

把生菜的食用部分切掉，留下水培根部长度3至5厘米放入可爱的小容器中，注水高度盖住根部即可。需要注意的是生菜要避免阳光直射、勤换水，根部或最外层叶子如有腐烂迹象需要及时扒掉。生菜1—3天就能发芽，10天左右就可以吃啦！用自己种的小生菜来包烤肉、拌沙拉、夹汉堡都不错哟！

3. 香菜

将有根的香菜洗净，不要留有泥土，然后将矿泉水瓶从中间剪开分成两部分，瓶口部分放入洗净的香菜，瓶底部分加水并添加少许白糖搅拌至溶解（白糖可以促进香菜的生长）。矿泉水瓶里的水2—3天换一次，把它放在温暖的阳光下4—5天就能长出茂盛的叶子。

【"发芽型"蔬菜】

发芽型蔬菜主要因室内温度高形成易发芽的蔬菜。

1. 大蒜

如果家里存放的大蒜已经发芽了，可以直接放在盛水容器里，就能长成蒜苗。蒜苗一般在7—10天开始迅速生长，长到10厘米后就可以采摘食用了。因为蒜苗可以一直生长，所以我们可以一茬又一茬采摘，在春日时光里来一盘蒜苗炒鸡蛋也不错哦！

2. 土豆

将发芽的土豆放入容器中并加水，注意水不要没过土豆，几天后土豆就会发出绿色的叶子，大约20天后会结出花苞，开出淡紫色的小花，给人一种清新淡雅的感觉。

3. 豆芽

将黄豆提前浸入水中，如果温度适合第二天就会发出小芽，在菜筐里铺上纱布或毛巾，然后将黄豆平铺在里面，注意黄豆不要重叠，再盖上一层纱布或毛巾，用喷壶把表面喷湿并放在不透光的地方或者用黑布盖上，之后每天早中晚都要喷水，一般5—7天豆芽就可以收获，炒一盘豆芽菜吃别提多香啦！

【"观赏型"蔬菜】

观赏型蔬菜是指容易开花或者长出叶子的蔬菜。

1. 白菜

将白菜根放在水中并摆在阳光充足的地方，几天后白菜根就会重新发芽，再过几天白菜就会开出黄色的花朵，非常好看！

2. 红薯

如果家里存放的红薯已经发芽了，不要扔，可以用一个小瓶子加一点儿清水，将红薯直接放进去。注意水不能淹没红薯，红薯一般4—5天就能长出叶片。水培发芽的红薯不建议采摘食用，一片片嫩绿的叶子很漂亮，用来观赏或装饰餐桌即可。

3. 胡萝卜

将胡萝卜的顶端3—5厘米处切下并放在容器中加入清水，注意水不要没过胡萝卜顶端，然后放在不能被暴晒的位置，大约3—5天就能长出新叶子。（白萝卜也可以用类似的方法水培。）

你知道吗？水培的萝卜都无法结出萝卜，想培育出真正的萝卜都需要移植到土中，如果同学们家里有适合土培的条件的，也可以尝试探索水培和土培有哪些不同，老师期待你们的答案！

在水培蔬菜活动中，乐翔少年们自己动手种植蔬菜，每天记录变化，看着它们慢慢长高、成熟，在这个过程中体会种植的乐趣、感受生命的历程，更让乐翔少年感受春天的气息、感受到自然对于人类生活的意义。

乐翔少年不仅自己动手在厨房里种植了水培蔬菜，而且他们还认真地记录下了水培蔬菜的生长过程，这个春天我们播种希望、收获梦想，让我们一起期待乐翔少年图文并茂的植物生长观察日记吧！

【翔·创翔】我为春天添抹绿，健康蔬菜我培育——厨房里的水培蔬菜种植活动（二）

人勤春来早，功到秋华时。春天是万物复苏的季节，乐翔少年辛勤栽种的水培蔬菜都已经苗壮成长，经过每天悉心照料和科学记录，采用思维图、观察日记、录制视频等形式记录植物的成长过程，让我们一起来看看他们的成果吧！

画一画植物生长思维图

一二年级的乐翔少年种植了各种各样的水培植物，并且他们以思维导图的形式记录了多彩植物的生长过程，思维导图的记录方式更加生动形象且简单明了，孩子们在这个过程中体会到了植物的生命与成长！

写一写植物生长观察日记

三四年级的乐翔少年每一天都对种植的蔬菜进行了详尽的记录，每天观察、记录蔬菜的株高、叶宽以及形态的变化，孩子们将自己的发现和想法按照培育日期的顺序记录到"观察日记"中，最后对每天的观察日记进行总结和归纳，在收获蔬菜的同时也记录了一份完整的蔬菜观察手册，在这个过程中同学们的观察能力和动手能力都得到了发展和提高，真的是收获满满！

做一做家庭立体式小菜园

五六年级的乐翔少年关注到了不同的蔬菜需光程度不同、家里可用资源有限等方面，从而动手搭建了立体小菜园。乐翔少年们在小菜园上水培了各种家用蔬菜,将家庭小菜园变成了蔬菜生长基地。家庭立体小菜园的建立不仅满足了家里每日对新鲜蔬菜的需求,与此同时也感触到了生命的蓬勃生长,真是一举两得!

一分耕耘一分收获,付出就会有回报。乐翔少年们通过亲自动手培育、悉心照料水培植物,掌握了水培蔬菜的种植技巧。通过认真记录蔬菜生长过程,了解到了不同生长阶段植物的变化情况。在以思维导图、观察日记、视频呈现等形式记录植物成长,培养了学生思维能力,提高了学生分析、理解、归纳知识的能力。

探索劳动的乐趣、收获经验的积累、感受春天的气息、理解生命的意义,乐翔少年们栽种的不仅仅是一株植物,更是一种期待和梦想。此次的水培蔬菜活动,不仅给生活带来一抹绿意,也使孩子们在感悟植物与环境的关系中感受生命的真谛、劳动的快乐和幸福。

教师成长 "双减"有力保障

教师在"双减"中不仅决定着教师个人的现实利益与职业发展,也决定着教师所面对学生群体的成长发展,决定着"双减"政策落实的成效,并对未来社会的生活品质产生明显的影响。"双减"见效关键在于守好学校主阵地,这无疑对教师的职业素质和专业素养要求更高,决策执行能力要求更强、更自觉。因此提高教师理解力、执行力和课堂教学实践能力是"双减"工作的重要一环。

一、强化师德师风建设,明晰教师职责

强化师德师风建设,引导所有教师坚定理想信念,助力打造"铁西幸福教育"。学校组织教师签订《铁西区中小学教师廉洁从教承诺书》《教师师德师风责任状》《教师双减承诺书》,以此立校规、划底线、严惩处。

二、提高教师专业能力，分层定向培训

我校现有 172 位教师，其中在编教师 122 人、区聘教师 40 人、校聘教师 10 人，平均年龄 33 岁。我们注重从学校长远的发展角度规划教师专业成长方向：一是根据教师年龄、教龄及教学能力的不同分成了"三类六型"，并进行分层式定向培训——即青年教师中的新职型、实践型教师；骨干教师中的成长型、明星型教师；经验教师中的研究型、教育家型教师，对不同类型的教师按培训目标进行分级培训、私人定制、定向发展。二是学校立足"双减"赋能新教师。通过新教师岗前培训育新人聚新力，每学年通过青蓝工程拜师会引领新教师成长。今年的青蓝工程改变了形式，由徒弟根据自己的成长需求自主选择师父，师徒成绩也纳入学期末的评价考核中。

三、集体备课力求高效，钻研课堂教学

学期初各年级组、学科组对本年段、本学科教材进行全面解读，全面理解教材变化的新思路，准确把握教材的编写原则、结构体系及编写特点，使教师能更好地驾驭教材。年部领导深入年组参与教材解读，提出教学建议。每周一次集体备课，年部负责领导带领教师一起针对学情、重视思维、强化实践。根据学情进行组内研讨，不断设计、优化教学方案，从熟悉教材体系、知识结构、年段目标入手，对所教学科横向、纵向知识网融会贯通，根据年段特点设计课堂、创造课堂、创生课堂，确保学生在校内学足学好。

四、专家调研助力引领，助推高效课堂

为创建高效课堂，本学期学校与沈阳大学教育学院合作，针对学校教师教育教学现状开展阶段式、系列化培训。沈阳大学教育学院赵海涛院长以题为《基于标准——做自觉的专业发展者》开篇，对全校教师进行了三次系列化培训，开启了合作学习研修之路，教会教师在课堂上实现从"程序＋规则＋技能"，从而发挥合作学习的真正效果。同时为了提高教师的业务水平，拓宽教师的教学视野，学校邀请省、

市、区教研员来校调研指导工作，分学科进行点评交流，为学校后续的教学工作指明方向。

五、深耕精修常态课堂，力求提质增效

为了扎实做好教师培训引领工作，本学期校内推出课堂

教学引领名师——罗佳老师，根据其丰富扎实的课堂教学经验，专门指导引领教师课堂教学，满足青年教师的成长需要，让青年教师知道什么样的课才是一节好课，以及怎样上好一节课。学校力行常态课以"素颜"示人，建立校长、中层、教研组长深蹲课堂的常规模式，每天上午走进教师课堂听评课，关注每位教师的成长；聚焦低年级衔接课程，把关课堂常规，夯实中高年级多元化知识课程，突破课堂教学的重难点。

六、创响精准优质课堂，以赛促教推优

学校每学期以赛促教，举办的魅力智翔课堂评优课活动成了课堂教学眼前一亮的风景线。全学科教师参与评比，赛出自己最优的一节

课。本学期活动历时一个月，赛课近 100 节，做到人人赛出优质课，最终将评选出的优秀精品课展示给全体教师。

2020 年，学校从"多措并举，凝聚共识，打造高品质教师队伍"方面进行了激发办学活力的案例分析，从分析中查找问题：

一、案例背景

由于是新建校，所以每一年都要面临教师们来自年龄上、观念上、编制上及业务能力差异化的影响。目前 167 名教师中，在职教师 101人，政府雇员教师 66 人，教师平均年龄 33 岁。学校的 167 名教师由三部分组成：一部分是建校初期从各校交流来的教师；第二部分是随着学校的发展后调入我校的中、老年教师；第三部分是从 2011 年 9 月开始每年分配到学校来的在编教师和补充教师队伍的政府雇员教师。其中前两部分教师年龄都在 43—55 岁之间，他们的特点是年龄偏大、有教学经验但职业倦怠、理念落后，教育教学处于中、下等水平；第三部分教师的年龄在 22—33 岁之间，他们虽然年轻有活力，但是理论认知、教师的专业知识和技能储备较少，没有任何教育教学经验。面对如此复杂、差异显著的团队，提升教师整体专业水平，打造素质良好、业务精湛的教师团队是学校面临的最重要问题。只有从长远的发展角度来规划师资队伍建设、精心营造人文环境、积极创设和谐校园、坚持不懈地加强师德建设，才能全面提高教师整体素质，形成"名师效应"，铸造"名师品牌"，从而促进学校的高品质发展。

二、案例过程

学校传承"博学善教，灵动创新"的教风，将教师团队根据年龄、教龄及教学能力的不同分成了"三类六型"并进行分层式定向培训。

阶段 1（2008 年—2012 年）：尽管 2008 年刚刚建校，在学生少、教师少、教学设施简单等诸多困难下，我们依然走上了课程改革的探索之路。2009 年 4 月，建校仅半年的时间，校长就带领当时 2 名班主任、7 名科任教师率先在铁西区进行了课程改革——"生本教育"实验。为了转变老教师固有的、陈旧的教育理念，学校采用理论培训→视频学习→教法分析等方法，彻底改变教师的教育观念，同时购买郭思乐的《教育激扬生命：再论教育走向生本》一书供大家进行学习。当教师对"生本教育"理念从心底接受并有了一定的认知之后，我们开始了"生本教育"课堂教学模式的探索与尝试，从模仿生本课的结构和特点做起，掌握了一定的教学方法后进行不断磨课与研课，课堂教学方式发生了根本的转变。在2010年仅有的6个班级中，以林峰、秦晓丹、张丹、马艳为代表的教师成为学校乃至全区"生本教育"的领跑者，在全区进行"生本教育"课堂观摩，起到示范引领的作用。"生本教育"的日益成熟，让"生本教育"课程改革在我校落地开花。首批"生本教育"实验的成功者唤醒了其他教师的参与热情，激发了大家对新的教育理念的认知，至今他们也是学校"生本教育"中的佼佼者。"生本教育"的实验让我校成为全区课程改革的领先学校，校长在全区做了《品尝课改的幸福味道》的经验交流。为了激励教师的工作热情，校长顶着新建校的压力，不断地为教师去争取评优选先的资格。2012年21个班级、56名教师中有4名教师被评为"市骨干教师"、12名教师被评为"区骨干教师"、10名班主任被评为"区优秀班主任"。

　　阶段2（2013年—2016年）：2013年，学校29个班级、65名教师，第一代教师"生本教育"的成功，推动了学校课堂改革的脚步。随着在编年轻教师和外校转入的中、老年教师的增加，教师队伍发生了质的变化。因此学校重新订定了教师"分层式"职业发展规划，将全体教师分为工作5年以内的青年教师、工作5—10年的中坚教师、工作10年以上的经验教师"三个层次"。对青年教师进行师德规范教育的同时进行教学技能专业化的培训；对待保有热情的中坚教师，继续激发他们的教育活力，在教材的挖掘和教学方法的成熟度上再提高；而对有着丰富教学经验的成熟教师，学校更注重重新唤醒他们的教育激情，引领他们满怀信心地走向更高的平台。为了让教师更好地享受职业幸福，每年的"三八节"学校都为教师送上一杯奶茶、"教师节"送上一束鲜花、每月为过生日的教师送上一个蛋糕、每年为教师送上一张贺卡，让教师带着对学校的热爱投入每天的工作。在满足了教师精神需求的同时，学校还对教师的专业化发展进行科学引领，先后成立了"科技教育""美育教育"等六个研究室，各研究室结合教学中出现的问题或有价值的内容进行研究，在互助与分享中获得专业发展和创新的持久动力。通过4年来的分层式培训和教科研活动，王景秋、刘艳红老师成为"沈阳市名师"，19名教师成为市、区骨干教师。教师的成长让学校办学特色更加鲜明，激活了学校办学的内生动力。

阶段3（2017年—2021年）：2017年，学校拥有了48个班级、113名教师，随着学校的快速发展，今天已经成为拥有167位教师、67个班级的集团化学校。青年教师中的新职型教师要站稳讲台、学会上课，实践型教师要初具风格，三年内成为骨干力量；骨干教师中的成长型教师要成长为教学骨干，明星型教师成为学校领军人物，成为青年教师的榜样；经验型教师中的研究型教师要不断学习、形成自己的教育教学特色，专家型教师要形成独树一帜的教育教学风格，成为学校的品牌教师，系统科学的培训方式让全体教师迅速成长。为盘活机制，2019年在教师中开展中层干部的选拔聘用，6名年轻的教师通过竞聘加入学校的中层干部队伍中。在2021年的铁西区局管后备干部的选拔中，学校参与人数最多、入选人数最多，说明了学校对教师的培养机制走在了全区的前列。至今已有24名教师被评为市、区骨干教师。

科学评价：学校从师德建设、教学水平、劳动态度等方面制定了科学的教师评价方案，并与教师绩效考核、年度评优、选先晋级进行挂钩。科学的评价进一步焕发了教师对教育事业的热爱，对自己职业规划的准确定位。

三、案例分析

教师对教育事业的忠诚与担当，决定了学校的发展走向，更是激发教育办学活力的根本。

1. 青蓝工程：学校举行了10届"青蓝工程"拜师会。通过"私人定制""师徒结对"，达成共同成长目标，师徒教师在相互帮助中激发活力，成为"成长合伙人"。

2. 榜样力量：学校通过多种形式在教师中开展凝聚合作、树立榜样等活动。举行了6届"翔之星"颁奖盛典，每月"最美教师"评选、"文明办公室"评比，对先进典型广泛宣传、以点带面，让榜样的精神发扬光大。

3. 专家引领：每学期初，学校都做好"专家引领"培训计划。聘请省、市级教育教学专家走进学校、走进课堂，为教师教学进行诊断把脉，并有针对性地开展专题讲座，让教师学有方向。

4. 外出学习：学校把名师培养作为专业建设核心内容，抓住所有可学习促提升的时机，为教师搭建外出学习的机会。近5年学校就派出65位教师到全国各地参加培训，走出去不仅开拓了教师的视野，还极大的焕发了教师的职业荣誉感。

5. 创新科研：学校成立了"课程研发中心""德育教育研发中心""创新技术开发中心"。在研发中以问题为导向，确定研发小课题，以"切片式校本研修"为方向，提高了教师的科研能力，促进教师向明星型、专家型教师转型。

四、案例成果

纵观12年学校的发展历程，教师的分层式培训卓有成效，捷报频传：获得市级以上荣誉称号54人次；市名师2人、市区骨干教师24人、市学科带头人2人；市级以上科研课题主持人15人次；市级以上优课42人次；市级以上获奖论文162篇；市级以上比赛获得优秀指导奖229人次；美育教研组被评为"辽宁省优秀教研组"，体育组被评为"沈阳市优秀教研组"；两个教研组被评为区"五一先锋号"。

五、未来思考

　　未来，学校要为每一位教师的专业发展继续提供路径和平台，促使教师"同质化共进、异质化成长"，更好地激活教师自身的潜力，让教师享受到更多的职业幸福，让雏鹰实验小学成为教师实现教育理想之地。面对未来，我们信心百倍、引吭高歌。

多样革新　"双减"实施策略

　　减负并非舍弃质量，而是追求轻负担、高质量。其核心是通过优化质量和提升效率管理机制，着力发挥高效教研、高效作业、高效服务作用，把教师和学生从低效、重复性教学负担中解放出来。要想将"双减"落到实处，要从变革学生的作业开始，要让学生在校内能够"吃得饱"，从而降低校外"加餐"需求。

　　一、减作业的"量"

　　一是减少完成作业的时间。"双减"背景下，学校严格对照督导要求和五项管理规定，找准底线。坚持一二年级不布置书面家庭作业，三至六年级争取书面作业在校内完成，坚决不让家长批改作业，禁止手机布置和上传作业。

　　二是减少重复机械和成效不高的作业。建立健全学校作业清单公示制度、领导作业签批制度。各学科作业做到统筹规划，严格把控作业总量。对课堂作业、双休日作业、寒暑假作业实行"三限"——限量、限时、限度，不得布置机械性、无效性、重复性、惩罚性作业，坚持教师全批全改作业，做到及时反馈。学校推行周一到周四不背书包制度，作业每天在学校完成，每周五将书包背回家整理，自主复习，把放学后的时间彻底还给孩子们，使他们真正成为掌控自己学习和生活的主人。

二、提作业的"质"

"双减"背景下，学校积极为教师的作业设计能力赋能。推行"基础＋弹性"的作业布置方式，以"层次性、菜单式、攀登式"为特色，开发多形式、多层次的学科作业，跨学科作业和社会实践作业。选编设计作业，以教研组为单位研究作业设计和作业内容、精细分层布置，因材施教，针对不同的学生能力，设计不同的作业内容，既让优秀学生"吃得饱"，又让学习困难的学生不掉队。

三、增作业的"效"

"双减"政策实施以来，学生的作业负担减轻了。结合学生年龄特点、学科特点及能力特点开发菜单式作业，以目前开设的菜单作业为例。

一是体育技能菜单作业。结合不同学段学生年龄特点、教学内容、学情、家庭环境等因素，进行体育作业的分类；作业清单中分设运动技能、趣味游戏两大类运动项目，学生根据自身实际情况选择项目打卡练习；月末，体育教师监督练习过程和验收练习效果。

二是21天跳绳打卡。一年级开展21天跳绳习惯打卡活动，通过连续性地打卡训练，33%的学生从不会跳到会跳；100%的学生一分钟跳绳的个数得到明显提高；96.7%的学生都能规范轻松地连续跳跃，甚至还涌现出许多花式跳绳小能手。学生的跳绳打卡不止停留在21

天，学校对还没达到要求的学生进行跟踪打卡，直到学生的跳绳能力达到标准。

三是劳动菜单打卡。以学生"从事力所能及的家务劳动"为导向，学校针对不同年级，设计相应的劳动作业打卡，积极搭建平台，给孩子们展示生活技能和劳动技能的机会。如每天的分担区清扫，二至六年级学生都能主动将分担区打扫干净；一年级生活技能大赛、六年级冬至包饺子等活动，旨在鼓励同学们在学习之余体会生活乐趣，提高生活技能。

四是阅读打卡。学校倡导学生利用课余时间进行阅读，打造书香家庭，提倡亲子阅读，围绕学生阅读素养设计低中高年级的《"快乐小雏鹰"阅读手册》，每月班级评选出阅读之星。

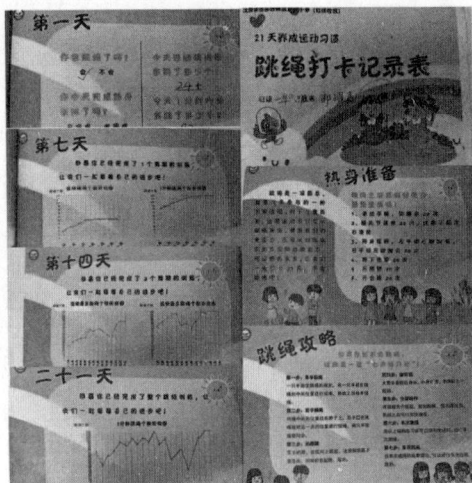

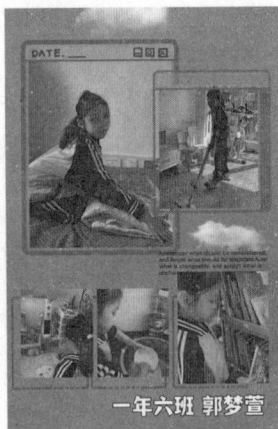

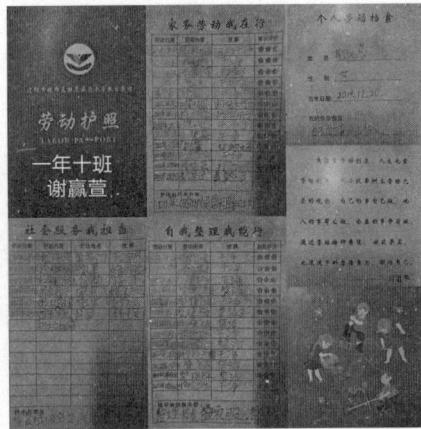

四、调睡眠的"长"

一是延迟入校。保证学生享有充足的睡眠时间，促进学生身心健康、全面发展。在对全校家长进行"调整上学时间"问卷调查后，针对不同家长的需求，学校也做出了科学合理的整体安排，即学生每天

8：15之前到校。但是考虑到有一些学生确实因家长上班早有提前到校的需求，并且针对这些学生愿意提前到校进行体育锻炼的要求，学校摸底情况，根据低中年段的年龄特点，安排了不同的室外活动，如晨跑、立定跳远、跳绳等，每个区域都有专人负责、专人管理，同时配备专业教师进行运动指导，保障学生安全、有序活动的同时增强体质。经过一年的时间，家长们纷纷表示"这个调整太好了！孩子早上多睡半个小时，起床都不费劲了！""我需要上早班，担心孩子早到校没人管，学校想得太周到了，安排了专门的老师带着孩子锻炼，这下我可以安心上班了。"

二是睡眠打卡。为了解学生在家的睡眠情况，学校建立学生睡眠质量监督机制，确保学生每天不少于10小时优质睡眠。实行"睡眠质量"打卡制，每周进行一次数据统计与调研，依据数据帮助家长及时调整学生的睡眠时间，通过学校平台分享睡眠方法，侧重提高起决定性作用的深度睡眠质量。

三是建立体质档案。学校将落实体质健康管理评价考核体系纳入学生综合素质评价。学校和家庭共同监督并随时纠正孩子不良读写姿势，避免不良用眼行为；每学期开展2次全覆盖视力筛查，保证每一名学生的用眼卫生；鼓励学生掌握必要的健康知识和技能，减少或消除影响健康的危险因素。

五项管理 "双减"之花绽放

  "十四五"开局之年，教育部关于中小学生作业、睡眠、手机、读物、体质"五项管理"文件相继出台。"五项管理"是全面贯彻党的教育方针、落实立德树人根本任务的重要载体和具体行动。做好"五项管理"工作，事关民族未来、事关教育方向、事关广大学生和家长的生活质量。做好"五项管理"工作，是教育系统的重大责任，是解决广大家长急难愁盼问题的有力举措、是我们广大教育工作者当前的紧迫任务、是全体中小学校面临的新挑战。为进一步做好"五项管理"工作，引导全校教师及家长树立科学育人理念，减轻学生过重课业负担，营造有利于学生健康成长的优质环境，我校针对"五项管理"相关文件内容，通过开展自查和不记名问卷调查，找出存在的问题和薄弱环节，并有针对性地制订了《雏鹰实验小学教育集团"五项管理"实施办法》。通过统筹规划、综合治理、家校共育、标本兼治，开展了耕耘"五色花"行动，使"五项管理"工作有针对性、实效性、重点突出、有效落实。在《辽宁教育》2021年第8期中，我结合学校关于"五项管理"的做法，发表了一篇题为《开展"五色花"行动 落实"五项管理"要求》的文章，其中我以"五色花"的姿态讲述了学校"五项管理"的新气象：

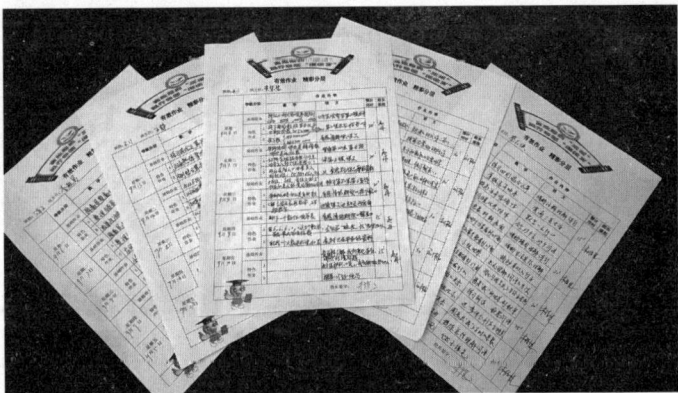

一、精心培育"作业花"

学校始终从把握作业育人功能入手，制订了作业管理须遵循的五条原则，一是科学精准设计作业，严禁布置机械性、重复性、惩罚性、随意性作业；二是布置作业应分层进行，使作业练习置于各种层次学生的最近发展区；三是一二年级不布置书面家庭作业，三四五六年级家庭作业总量不超过 45 分钟；四是严禁教师在微信群、QQ 群等布置家庭作业；五是各学科教师对布置的学生作业须做到全批全改，并且有复批、有日期、有等级、有评语。

1. 常规作业踏实高效。学校各年组、学科组针对教学计划及学习内容设计阶梯性、层次性作业，形成分层作业布置表，同时在各研究室开展"关于作业分层管理"的小课题研究。基础类作业本着少而精的原则，着眼于学习有困难的学生；提高类作业针对处于中等的学生，锻炼其思维的发展提升综合素养；创新探究类作业针对学有余力的学生，达到培养其创新能力的目的。在常规作业中，丰富多彩的周记是孩子们最喜欢的，孩子们每次拿起笔就有说不完的话要写，还配上了多彩的图画。周记不仅留下了孩子们成长的足迹，也让学校和教师及时了解学生的所需所想所盼。

2. 体艺作业寓炼于乐。本着丰富学生课余生活，提升学生身体素质和艺术修养的目的，学校以"菜单定制"的形式针对不同年级的学生设计了不同的体育、艺术趣味菜单计划，学生根据实际情况和兴趣爱好，自主地选择菜单里的一项或两项内容，利用课余时间进行活动；学生在自主活动的同时，遇到问题都可以进行场外求助，体育、艺术教师为学生答疑解惑。即使寒假期间，孩子们也能和体育教师一起云端相约，坚持每天锻炼 1 小时，从身体素质到体育技能都逐步提升。

雏鹰实验小学体育作业清单

6 年级

	类别	内容	要求	建议时间
12月第 2 周	运动项目（3选1）	深蹲跳	动作标准，10个为一组，每天4组，每组间隔1分钟	10—15分钟
		盐翘平衡	动作标准，10-20秒为一组，每天4组，每组间隔1分钟	8—10分钟
		1分钟平板支撑	每天做3组，每组间隔2分钟	10—15分钟
	趣味游戏（3选1）	室内掷球	注意居家安全，家长配合游戏，用装满空气保塑料袋作掷球。	8—10分钟
		飞跃玩偶	注意居家安全，平稳用双脚夹轻物抛过头。	8—10分钟
		移动篮球	注意居家安全，家长配合游戏。	8—10分钟
注意事项		1. 运动时，需穿宽舒适，以运动鞋为最佳，运动过程中不要穿过厚衣服，否则运动不便，也不宜过薄较少，容易受风严重。运动后要注意保暖。 2. 运动前要做好准备运动，不要身体筋骨相对僵硬，避免热身引发运动中造成受伤。 3. 运动过后，不宜立即喝水，保持心脏负载量避免下蹲后少量多次饮水，更不可喝冷水，需易导致胃肠道紊乱疾病的发生。 4. 运动过后注意各个人卫生，保持干净干净。 5. 持之以恒，坚持锻炼。根据各家的场地条件和各自的身体情况注意选择作业内容。 6. 文明锻炼，不影响他人正常生活和休息。	

3. 劳动作业提升技能。学校成立了劳动教育研究团队，研发劳动校本讲义，并将劳动技术教育课程纳入课表，利用每周 1 课时进行，如：低年级——力所能及的小主人，侧重自己的事情自己做，形成劳动观念；中年级——勤劳自律的值日生，侧重认真参与校园劳动，具备劳动能力；高年级——热心公益的志愿者，侧重积极参与社会劳动，树立公益精神。

4. 科技作业创新思维。结合学校的科技特色，从 2010 年起，每一个寒暑假，学校都以特色的科技作业替代常规的假期作业。以 2021 年 1 月份的寒假为例：一年级的"变废为宝，从我做起"、二年级的"节约粮食，从我做起"、三年级的"做个养绿护绿小能手"、四年级的"浮力的奥秘"、五年级的"我爱小发明"、六年级的"我是小小设计师"，学生通过观察记录、科学调查、查阅文献、设计制作、创新概念、发明创造等过程，开拓了创新思维、拓宽了知识视野，真正把理论知识付诸实践，从实践中印证理论知识。

二、科学盛开"睡眠花"

学校贯彻落实教育部印发的《关于进一步加强中小学生睡眠管理工作的通知》精神，保证学生享有充足的睡眠时间，促进学生身心健康发展，让"睡眠令"在校园中落地实施。

1. 实施问卷了解需求。学校对全体家长进行了"调整上学时间"的问卷调查，了解到在"为孩子选择什么时间段到校"问题上，建议7：40 前、7：40 - 8：00 之间和 8：00 - 8：20 之间选择上学的比例各占三分之一。面对众口难调的情况，针对不同家长的需求，学校作出决定，对需提前入校的学生，由学校科学安排进行室外活动。

2. 专门规划，专人负责。学校根据学生低、中、高年段的年龄特点，安排了不同的室内外活动，如晨跑、跳绳、课外阅读等，每个区域都有专人负责。学生们虽然延迟上学，但老师依然提早到校，对百余名提早入校的学生进行统筹管理；家长们纷纷感到这个决定十分恰当，学校的有序组织解决了家长的后顾之忧。

3. 保证睡眠提升质量。为保证学生每天睡眠 10 小时，学校通过《致家长的一封信》的形式，建议家长每日督促孩子按时休息、按时起床，培养良好的作息习惯。据统计，按要求能保证 10 小时睡眠的学生达学校总人数的90%，针对不达标的10%家庭，学校跟踪督促、家长积极支持，使家校携手形成合力，让"睡眠令"真正走进每一个家庭。

三、合理播种"手机花"

学校通过严禁手机带入课堂，营造了安静读书、专注学习的氛围。

1. 手机严禁带入校园。学校告知学生和家长不得将个人手机带入校园，确有将手机带入校园需求的，须经学生家长同意、提出书面申请，学校研究同意，进校后将手机交给班主任老师统一保管。学校设立校内公共电话、建立班主任沟通热线，解决学生与家长通话需求，目前学生手机带入校园的人数为零。

2. 加强教育注重引导。学校通过国旗下讲话、班队会、心理辅导等多种形式加强引导，让学生在校园外科学合理使用手机，提高学生自我管理能力。通过学校、班级各层面潜移默化的引导，学生们懂得了"非必要不用手机"，远离手机风险，优化生活习惯，科学利用时间。

3. 家校沟通形成合力。通过多渠道向家长介绍过度使用手机的危害性和加强管理的必要性，引导家长配合学校履行教育职责，加强对孩子使用手机的管理，严格控制学生居家无节制使用电子产品，防止学生沉迷网络；班主任老师与家长随时保持沟通，全面掌握学生身心健康状况，形成家校协同育人合力。

四、健康生长"读物花"

学校秉持激发兴趣、加强管控、规范推荐的原则进行读物管理，使全体师生规范阅读，从而丰富阅读体验。

1. 读物管理阳光规范。学校建立课外读物进校园的"防火墙"，依据教育部推荐书目对学生阅读的每一本图书严格把关，做到所阅读书籍必须积极向上、健康阳光，规范课外读物。净化学校用书环境，坚决制止强制或变相强制学生购买课外读物的行为。

2. 激发阅读形式多样。学校营造书香校园，让阅读成为伴随孩子一生的好习惯。通过学校研发的低、中、高三个年段《"快乐小雏鹰"阅读手册》，将自己的阅读心得与他人分享；通过"与伙伴共读""与老师共读""与

铁西区雏鹰实验小学

三、加强手机管理，为学生健康发展提升能力

2月1日，教育部发布《关于加强中小学手机管理工作的通知》，通知明确规定：中小学生原则上不得将个人手机带入校园，学生确有将手机带入校园需求的，须经学生家长同意、书面提出申请，进校后将手机交由学校统一保管，禁止带入课堂。请家长们协助落实，尽可能不要让学生带手机、电话手表等电子通讯设备带进学校。家长应履行教育职责，严格控制学生居家电子产品的使用，防止学生沉迷网络。家长还要以身作则，言传身教，尽量不在学生面前玩手机，给学生树立一个良好的榜样。

家长共读"等形式提高阅读兴趣；通过图书捐赠、图书漂流等活动激发学生阅读热情。

3. 优秀读物拓宽视野。学校参照教育部推荐新课标中小学课外阅读书目，结合实际制订适合学生阅读能力的推荐书目，向学生推荐阅读经典类和前沿类优秀读物；每月一次的班级"书香学童"展示，每学期一次的学校"阅读明星"评选，都是在阅读中脱颖而出的爱读书的孩子。

五、美丽绽放"体质花"

学校严格落实国家课程规定的体育与健康课程要求，聚焦"教会、勤练、常赛"，扎实推进、有效实施，促进学生身心健康发展。

1. 开足课程培养技能。在开足上好体育课的同时，学校全年级开设校本篮球课、足球课，保证每天阳光运动不少于1小时，确保每个学生掌握1~2项运动技能。

2. 丰富体育提升技能。每学期学校都开展不同梯队、不同形式的体育技能竞赛活动。如：每学期一次"校长杯"篮球赛、足球赛；全员篮球操验收；一年一届的运动会；小型体育项目比赛等。针对一年级还开展了"21天养成运动习惯——跳绳打卡"活动，学生通过21天的跳绳打卡训练，33%的学生从不会跳到会跳，67%的学生一分钟跳绳的个数通过21天的有效训练，得到大幅度提高。

3. 综合防控近视。学校和家庭共同监督并随时纠正孩子不良读写姿势，避免不良用眼行为。学生在每日上、下午时段保质保量做好眼保健操，由学校大队干部监管做操情况，发现问题及时纠正；把用眼卫生纳入优秀课评比条件中；班

级眼保健操情况也纳入每月评优选先中；每学期还开展 2 次全覆盖视力筛查，保证每一名学生的用眼卫生。

4. 建立健康体系。学校建立学生体质档案，档案内容翔实、全面、细致。学校将落实体质健康管理评价考核体系纳入学生综合素质评价，全面培养学生的健康意识与公共卫生意识，鼓励学生掌握必要的健康知识和技能，减少或消除影响健康的危险因素。

课后服务 "双减"个性需求

为进一步深化落实"双减"政策，满足学生个性化需求，丰富学生课余活动，我校根据市、区教育局关于"自 2021 年秋季学期开始，从每学期开学第一周起全面实行课后服务"的规定，充分发挥集团内各学科教师资源优势，以"作业辅导＋特色课程"的形式全方位、多元化地开展课后服务。

一、征集调查了解需求

开学前，学校将"课后服务"相关政策与文件通过学校公众号向家长做好宣传，并通过网络平台征集家长对参加"课后服务"的意愿，同时对于希望开设课程的种类向家长进行网上问卷调查，切实了解家长对"个性化课后服务"的实际需求。

雏鹰实验小学教育集团关于课后服务工作调查问卷（学生卷）

尊敬的家长朋友们：

您好！为贯彻落实市教育局和市发展改革委《转发省教育厅省发展改革委关于切实做好中小学生课后服务工作的通知》（沈教发〔2019〕88号）、《沈阳市教育局关于进一步做好中小学生课后服务工作的通知》（沈教发〔2020〕59号）精神，雏鹰实验小学教育集团结合实际工作，以"双减"行动为引领，构建五育并举"人才培养体系，特制定出了具有集团特色的课后服务管理体系，为打造"幸福教育"奠定了坚实基础。

学校充分发挥课程体系的优势，精心设计安排每日课后服务内容。第一时段普惠性服务，每周周一至周五15：30-16：30，由学科教师进行学科内容辅导、答疑、监督完成作业。同时学校将课后辅导与培养兴趣特长相结合，开设了第二时段个性化服务，时间为周一至周五16：30-17：30，学生可以根据自己的兴趣和特长，选报不同课程。

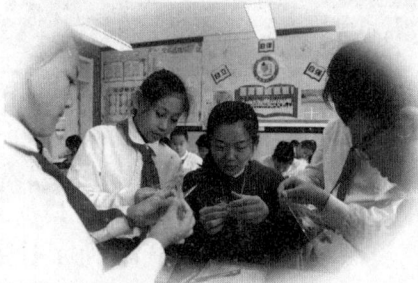

二、征集课程自愿选择

学校根据实际情况，预开设科技类、体育类、美术类、音乐类、器乐类、历史类、赏析类等多项课程，开展多样化的个性化课后服务。采取"双向选择"的模式，有意愿申报执教的教师根据自身特长分别申报服务课程。学校将多样化班本课程、个性化社团课程以宣传海报形式，通过网络平台向学生进行介绍，参加课后服务的学生根据自己的兴趣爱好自愿遴选课程。学校通过《致家长的一封信》再次向家长介绍课程后，学生填报课程报名表。

课后服务，满足需求。学校每天的个性化服务"班级＋校级"双线并行。一是多样班本。班本课程由班主任根据自身特长、班级学生特点及需求，开辟多样化的班本课程，每周两次课，如历史故事、数学游戏、绘本赏析、传统文化等，让孩子们感受到课本以外大千世界的神秘与快乐。二是个性社团。以学校"体育、艺术、科技、素质"特色课程为载体，提供双线主题式、校本化菜单。学校共开设 74 个校内社团课程，供学生自主选择，每周两次课的课时安排及走班上课的形式，最大限度地满足了孩子们的需要，让孩子们发挥特长，展示自我。为了让课后拓展效果更高效，学校还聘请有资深经验的校外专业教师，开设 91 个特色社团课程，让学生享受课后服务带来的专业化成长。三是特色团队。为了让有特长的孩子能得到更长足高效的发展，满足孩子更专业化的需求，学校成立篮球、足球、啦啦操、科技、舞蹈、合唱、乐团等特色团队，孩子们可以不出校门学会技能、增长本领、拓宽视野；家长们也由此减轻了精神压力与经济负担，再也不用和作业战斗，拥有更多时间和孩子们享受美好的亲子时光。

查找问题，进行调整。在课后服务的运行过程中，问题不可避免地显露，比如有的课程选择学生较多，而老师数量不够；学生在上课之后发现课程并不完全适合自己需要调课等。这些问题我们都随时进行调整，更好地在校内与校外社团课的设置上平衡好课程内容，最大化地满足学生们的兴趣和特长的发展需求。

家校协同 "双减"合力助推

落实"双减"要求，夯实了学校主阵地，同时也离不开家长的配合，离不开全社会的共同参与、群策群力。"双减"并不是一味的"减"，也要适当的"加"，通过"双减"是要为孩子过重的学业负担、为家长不必要的经济负担做"减法"，为学校和教师的教育责任、为家长应尽的责任做"加法"，在陪伴孩子成长这条路上，作为家长要加强家庭教育理论学习与实践，以身作则，与孩子共成长。当前"双减"背景下，要求我们的家长要努力做到"四加"——增加与孩子伙伴关系的亲密度；增加亲子共阅读的饱和度；创造机会增加学生对日常生活的体验度；帮助孩子增加艺术修养的感受度，全身心为孩子营造良好的学习成长的家庭环境。因此，在有了这样的思考以后，我们决定在"双减"条件下，不仅要做好学校方面的"加减法"，也要团结带领我们的家长一起做好家庭教育方面的"加减法"，真正让家校形成教育的合力，齐心协力地让"双减"真正的"减"到位、"加"到实处。

加大宣传解读"双减"。健全家长会、家长学校和家长委员会运行机制，充分发挥集团公众号、新闻媒体、网络宣传的作用，利用集团特色"双减"标识、宣传画的使用，开学前对学生、家长及社会各界做好"双减"政策的解读与宣传，及时总结工作中好做法好经验，健全"双减"工作机制，为打造"幸福教育"营造良好的教育环境。

转变观念理解"双减"。为了转变家长的教育观念，理解"双减"政策的意义，学校通过家长开放日活动邀请家长走进学校。通过高效课堂、个性化课后服务展示、特色作业等方面家长能够亲自体验"双减"之后的教育新样态；聘请教育专家分别以《"双减"之下如何做好家庭教育》《"双减"后如何做有担当的家长》等为题，进行家庭教育讲座。引导家长转变观念，切忌躺平或当甩手掌柜，念好"陪伴经""指导经""督促经""共读经""关注经""理解经""提升经"，逐步走出校外培训的误区，减少对校外培训的依赖，把学生的健康成长全部融入学校和家庭教育中来，让孩子回归校园、回归课堂、回归家庭，相信学校、支持学校、依靠学校，家校携手，共促孩子健康成长，共筑孩子美好未来。

目前我校依托家校协同合作方式，做好以下指导和服务家庭教育方面的工作：

一是针对性。学校在安排指导内容时，必须充分考虑到两方面的实际情况。一方面是学生在心理健康上存在的普遍性问题；另一方面是家长在家庭教育中存在的问题和现实需要。将这两方面问题结合起来，才能使指导更有针对性，从而取得理想的效果。比如在对家长进行指导时，就应针对不同年级学生的不同特点和不同阶段的不同要求进行。

二是系统性。对家长进行指导时，不仅要有针对性，而且应体现出有关内容的完整性和系统性。所谓完整性和系统性包含两层意思，一层是从心理健康教育专业知识的角度看，应该有一个系统的设计，不要因过分强调针对性，而在指导内容上采取"头痛医头、脚痛医脚"的实用主义做法，这样会显得支离破碎；另一层是从学生的发展过程看，

也应该有一个系统的安排，从学生入学到毕业，在各个发展阶段上都要妥善安排有针对性的指导内容，使家长在学生发展的各个阶段都能很好地配合学校，做好对孩子的指导与教育工作。

三是实用性。在对家长进行指导时，错误教育观念的转变和正确观念的确立，是非常重要的。但是与此同时还应注意，不仅要帮助家长解决观念和认识上的问题，更应注重帮助家长解决一些教育实践中经常会遇到的一些容易被忽略的问题和一些比较棘手的具体问题。比如：怎样从学校教师专业知识出发，引导家长们正确运用鼓励性评价，激励孩子的上进心，增强孩子的自尊心与自信心；怎样帮助孩子在遵从集体规范的同时，也能够很好地发展自己的独立性与自主性；怎样在保证孩子完成学业的同时，努力提高他们的社会适应能力；怎样正确地与孩子沟通，保持良好的亲子关系；怎样处理教师与家长在教育观念和教育方式上的分歧与差异；怎样正确对待孩子的逆反心理，处理好同孩子之间的矛盾与冲突；等等。以上问题，常常是家长们在教育实践中感到困惑的常见问题，非常需要得到一些具体的指导。

四是多样性。对家长进行指导时，形式是多种多样的。除了专题讲座外，还可以通过个别访谈、实地家访、班队活动、参观访问、经验交流、宣传表彰等多种形式来开展指导活动。这些不同的方式从不同的角度促进了家长对学校教育的参与，增强或改变了家长的角色意识，

丰富和增长了心理健康教育的知识，对提高家庭教育的科学性起到了重要的促进作用。学校还把团体辅导活动引入到家长指导中，通过各种方式促进家长与孩子之间的交流和相互理解，比如邀请家长参加学生的谈心活动，了解孩子对父母的感受和期望，或者组织学生回顾家长对自己的眷顾和呵护，倾听家长对自己的评价与期待，通过这些活动能够使亲子关系界限更加清晰，家长能及时地出现在孩子最需要的时候，给予陪伴、聆听与共情。

家庭教育立法并不是将教育的责任推向家庭，而更应该是实现家庭和学校协同的一个桥梁。摸清看透读懂国家"双减"政策下带给孩子们的长足利益，在实践中，我写下了《"双减"背景下学生成长的五个关键词》一文：

关键词一：尊重。没有关系就没有教育，好关系才有好教育。三十多年的教育工作使我深深体会到，好关系是建立在相互尊重基础上的，没有尊重就没有关系，没有关系也就没有教育。现实生活中，孩子尊重父母容易，可父母尊重孩子不容易。同样在学校中，学生尊重教师容易，而教师尊重学生确不容易。在马斯洛需求理论中，尊重是仅次于自我实现的层次。在家庭、学校中，父母与孩子、教师与学生之间首先是平等的，建立起这样一个平等的意识不但关键而且

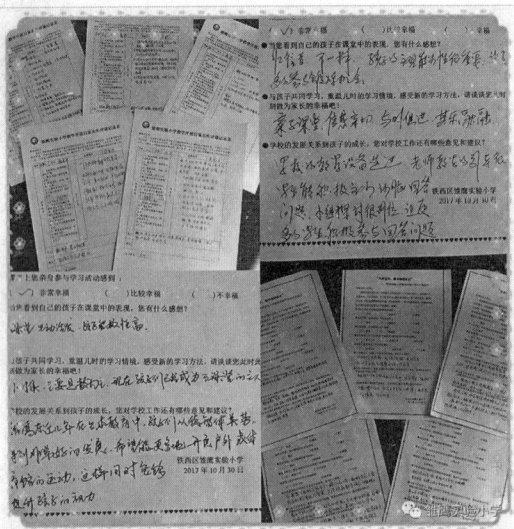

重要。

尊重最重要的一个前提就是平等，只有平等才能更好地尊重。无论在家庭还是学校，亲子关系及师生关系中，父母应该尊重孩子、教师应该尊重学生，与学生平等交流。当父母、教师与学生一起协商一起讨论时，孩子会在这个过程中获得尊严感，而尊严感会增强他们的自信心与能量，在心理与生理上让他们更好地成长。

关键词二：信任。教育首先是帮助学生点燃自信的过程，是树立信任的基础。没有一个家长或教师不希望自己的孩子或学生成龙成凤的。我身边有一对年轻的夫妇，都是双一流学科大学毕业的高材生，到了国外读大学读博士后，他们生了孩子，周围朋友一致认为他们可以把孩子培养成学霸，结果这孩子学习很糟糕，父母很焦虑地问我有什么好办法解决，我在了解孩子情况后，意识到孩子除了成绩差一点儿之外，其他都很优秀。便对朋友说，每个孩子都是一朵鲜花，有的开得早有的开得晚，有的开得艳有的开得一般，但早晚都会开的；你们的孩子身体很好、人际关系很好，只是学习不够突出，但其他方面很突出，比如他能和老师同学间相处得融洽、对爸爸妈妈也特别关心细心；这对年轻夫妇也意识到，成功的标准不是孩子考上清华北大，想要孩子获得更多的成功体验，其实幸福比成功重要，成人比成才重要。

信任是教育的一个大前提，只有信任孩子，孩子才会反过来信任你，这是一个相互的过程。良好的亲子及师生关系是建立在相信孩子、信任孩子、鼓励孩子之上的。

关键词三：规矩。俗话说：没有规矩不成方圆。国有国法、家有家规、校有校则，无论什么时代，在学校或家庭教育中都必须遵守。我们很多家庭有规矩，但是这个规矩基本上是爸爸妈妈说了算的或家风家规所定。事实上，家庭教育中需要孩子和父母共同制定规矩。当孩子跟父母一起来制定规矩、平等地坐下来讨论问题的时候，规矩才能真正地生效有效。家庭和学校教育要通过规则、理治、法制管理，不要"人治"。今天父母高兴了，孩子随便玩几个小时也不管，明天父母心情不好，孩子一分钟都不能玩。这就是没有规矩，没有规则。父母不能让孩子感到反复无常，也不能让孩子觉得父母的言语就是规矩，随时可以改变，这样的教育是没有意义的。

规矩和规则不是家长或校长一人制定，是需要大家一起来制定，之后一起来遵守，一起来践行的。良性可持续的规矩规则才能确保学生与学校健康发展、齐头并进。

关键词四：爱。有许多家长反问：爱孩子，谁都能做到。但我说的爱，一定是智慧的、辩证的、客观的爱，偏爱溺爱属于过失的爱。

爱孩子或爱学生一定要智慧的爱，即有分寸有节制的爱，父母和教师要让孩子感觉到爱，却不能溺爱。很多孩子为什么跟父母、教师关系那么紧张？因为他怀疑了爱，因为他不相信爱，我觉得这是教育上的最大问题。怎么建立家庭、学校的智慧爱，是我们需要认真反思、反复论证的课题。

学校或家庭教育一定要谨记：爱是有尺度、有场合、有分寸的。偏失一点儿就容易产生副作用。

关键词五：陪伴。一提到陪伴许多家长就反感，他们认为：天天上班、上有老、下有小，哪有那么多时间陪伴。培养亲子关系需要高质量的陪伴，很多父母在这方面存在很大的问题，就是他们不知道如何有效地跟孩子在一起相处，不知道如何高质量的陪伴。就客观情况而言，年轻的父母既处在陪伴孩子成长的关键期，也处在自我发展的关键期，很多30岁左右的父母往往正处在工作最忙碌的阶段，没有时间陪伴孩子。但是父母一定要认识到：你跟孩子在一起的时间是有限的，多陪伴孩子一刻就多拥有了一刻，多陪伴孩子一年就多拥有了一年。当孩子大了考上大学后，父母只能面对孩子离开自己的一次次背影。所以，父母应该好好享受孩子成长的关键期，这样不仅孩子会有幸福的童年回忆，作为父母也会有一段和孩子的共同美好回忆。

那么怎样做到高质量陪伴呢？我有几个小小的建议：一是旅行，旅行中有很多现实的教育机会。去到任何一个地方，这个地方的文化、风俗习惯、风土人情以及所有的一切，都可以成为父母、学校教育的一个非常重要的组成部分。二是亲子运动，运动具有互动性和竞技性。跟孩子一起运动时，孩子会非常投入，并且感到有趣，这样的陪伴更拉近彼此的距离。三是亲子共读，要知道最好的"学区房"就是你家的书房，最好的阅览室就是教室。帮助孩子养成读书的兴趣和能力，给孩子未来的发展提供多种可能。一个家庭如果真正完成有效的亲子共读，他们是会有共通的语言、共通的密码、共通的价值、共通的信仰、共通的愿景，有着这样一种共通之后，教育已然潜移默化了。高质量的陪伴不是说只和孩子待在一起，只是和孩子待在一起而没有"共通"，也可能是同一个屋檐下的陌生人。亲子之间的陪伴不受时空限制，即使和孩子不在同一个空间，但也可以通过有效的方式"亲子共读"，就看父母怎么做了。

在 2022 年 1 月的学期末，我写下了《让孩子们在"双减"中天天进步》的文章，是"双减"以来我的思考：

回眸 2021 年基础教育，最关键的一个词便是"双减"。旨在让学生在校园内"吃饱""吃好"，有效缓解家长焦虑情绪，促进学生全面发展、健康成长。在我看来，落实"双减"，重在实现三个回归、去除三种衍化，即让教育回归学校、让学校回归育人、让学生回归成长，去除社会的功利化、家长的焦虑化和教学的应试化。

一、今天的"减"，是为了明天的"多"

我爱鲜花，同样喜欢养花，办公室里有我精心栽培的蝴蝶兰、君子兰，每天按时浇水，枝繁叶茂，但是一年也未见一朵花。懂花的人告诉我，"不要以为一味地猛长就代表长势喜人，要舍得割茎除叶"。果然，多余茎叶割除，放到适合位置缓苗，没用多久，花团锦簇，十分繁盛。我静静地欣赏这般美，顿悟到，"割茎除叶"这不就是"双减"，这不就是教育吗？方法对了，只需静待花开，花开的瞬间，你会感到世间的一切如此美妙，任何付出都是值得的。教育亦如此，"双减"后，看到学生和教师的变化亦是一个美妙的过程。

"双减"，学生的作业少了，各类校外辅导班停了，看似学习文化课的时间少了，但是他们在校园里学习兴趣特长的时间多了，学习兴趣提高了，乐学、善学、好学的学习氛围实现了，在这样的氛围下，学习成绩自然而然就提升了。不仅如此，学生们的各项能力也都有所提升。以我校为例，在课后服务时段共开设五大类、91个社团课，孩子们在社团课上总能选择到自己喜欢的课程，还有一小时的体育锻炼，丰富多元的活动填补了原本曾花在学科辅导班上的时间。因为喜爱所以投入，因为投入所以收获，未来孩子们将成长为身心健康、兴趣广泛、全面发展的一代人。

二、教师的"累"，是为了学生的"乐"

"双减"落地的关键因素是课堂，是教师，所以任务最重的是学校、是教师。"双减"政策里有很多硬指标，比如：严格控制作业时长、坚持一科一辅、作业全批全改等，这些"硬指标"落实到位较容易，也就是说"减负"容易，但如何"提质"确非易事，需要在"软实力"上下功夫，找准提升"软实力"的着力点。

在减少作业、减少机械训练的前提下，要提高教育教学质量，对教师来说无疑是一项挑战。教师们从一大早上班到17时30分下班，比往常更辛苦，教研备课的时间也缩短了。

那么教师从什么点上入手着力呢？从长期的工作实践中，我悟出需在理念上、教学上、作业设计上着力下功夫。在理念上，要改变课程观、教学观、学生观。在教学上，要加强目标研究，准确把握课程标准，强化教材解读，既知道教什么，又知道怎么教。这对学校是一个挑战，我校年轻教师居多，为了能让教师们快速成长，担起"双减"重任，我们为每一位教师量身打造培训计划，视全校教师的实际情况划分出三大类、六小型，以定向培训、互助培训相结合的方式，有针对性对教师进行培训，缺哪儿补哪儿、哪儿不好学哪儿，一学期下来，所有教师的教学能力都有显著提高。在作业设计上，原有的全班完成相同作业的情景在悄然变化，各年组研究学情、读懂学生、把握规律、统筹知识与能力的获得、激发兴趣，设计出菜单式自选作业、攀登式打卡作业等，学生愿意完成并且找到适合自己的作业尤为关键。小小作业单看似不起眼，但是每一天的作业都需要精心设计，都需要年组成员之间反复研究推敲，为的就是让学生在轻松的状态下能够对所学有巩固、肯坚持、敢挑战。

教师们兢兢业业辛苦付出，也使得他们累积了对家庭的亏欠。在学校实施课后服务以来，参加课后服务的教师上完社团课，护送学生们走出校园，下班回到家已近19时，经历下班高峰期，拖着疲惫的身体，难有精力再为家人准备晚饭，难有心思再陪陪自己的孩子，但是大家因为肩负着对学生的责任都没有任何抱怨。第二天，仍旧精神抖擞地走进校园，看到操场上晨练的学生依旧满心欢喜。只因为我们深知，今天的辛苦付出都是有意义的，它换来的是孩子们的幸福与快乐。

三、创意的"服务"，是为了肩上的"责任"

在校时间变长了，如何让师生们在校学习好、吃得好、休息好？放学晚了，怎样让学生安全离校？对于这个问题，我们绞尽脑汁去破题，一个巧妙的点子让校园内升腾起一股暖意。虽是一个小小的改变，却令师生们时不时都能感受到无比的喜悦。

放学晚了，孩子们要饿肚子回家，为了解除饭食之忧，学校特别开设了"暖心晚餐"服务，让参与课后服务的教师和孩子们一顿热饭下肚，一缕幸福入心。晚上放学，孩子们头戴可爱灯光头饰有序离校，无论从多远看都亮闪闪的，感觉孩子们化身成了一个个闪耀的小萤火虫行走在夜色中，既安全又酷炫。

这样暖心的细节，我们会时时想、处处做，让"双减"既有力度也有温度，让学生开心、教师舒心、家长放心。

"双减"是为切实提升学校育人水平、有效减轻义务教育阶段学生过重作业负担和校外培训负担而制定的，从根本和长远看，对教师的专业发展会起到积极地驱动作用、对学生的能力发展会起到极大的促进作用、对规范办学行为促进教育的内涵发展是十分必要的，给了想做事能做事的学校和教师共同成长的机遇。向远方展望，让我们乐享其中，借助"双减"东风，以坚定的步履勇毅前行！

针对"课后服务是否达到预期"这一议题，我详细介绍了我们集团的做法和得失。分享"双减"推行以来，我校课后服务取得的喜人成效，得到与会同仁的一致肯定，这使我备受鼓舞。同时我也聆听了其他地区优秀学校的实践所得，让我有机会为今后的"双减"工作开展开辟更新的局面，进行更多有益的新尝试。

"双减"政策实施以来，我们以"减负，不减责任、不减质量、不减成长；减负，不减态度、不减努力、不减勤奋"为目标，丰盈学生的身心健康、培养学生的兴趣与特长、赋能学生的全面成长，充分发挥学校育人的主渠道作用，营造教育新样态。

尾 声

　　教育的未来"双减"是常态化，"能力"培养是学校教育的主旋律，学校关注的将是孩子们未来人生的发展。如果一所学校的含金量定位为考试成绩，它就是混浊的；如果一所学校的含金量定位为"立德树人"，它就是清澈的。教育是为着我们不曾拥有的过去、为着我们不曾经历的当下、为着我们不曾想到的未来。教育之原点在激发想象，而不仅仅是学习知识；教育之原点在发展理性，而不仅仅是讲授道理；教育之原点在鼓励崇高，而不仅仅是理解规范；教育之原点在丰富经历，而不仅仅是掌握技艺；教育之原点在温暖心灵，而不仅仅是强化记忆；教育之原点在强健身心，而不仅仅是发展智能；教育之原点在点亮人生，而不仅仅是预知未来。回归原点，是雏鹰实验小学的教育灵魂。

　　在我和我的团队共同努力下，我们收获了来自各个领域一项又一项、一个又一个沉甸甸的、光闪闪的荣誉。这是对我们求实创新的嘉奖与肯定，同时也让越来越多的人认识了我们、了解了我们、进而喜欢上了我们。2021年雏鹰实验小学教育集团正式成立，我们成了拥有两个校区的集团化学校，由此我又将开始一段全新时代的再启之路。还记得在2018年第34个教师节到来的时候，我送给全体雏鹰实验人和我自己的一段话：如果说，过去的十年，雏鹰实验小学实现了"快速发展"的话，那我想，下一个十年，应该是我们"纵深发展"的时期。每一位教师要带着浓浓的师爱关注每一个孩子的全方位发展，每一个孩子要有爱心，要学会用有爱的方式看待身边人，看待整个世界。雏鹰实验教育集团的未来应该是一个"独立思考＋团队互助"的时代，请让我们共同学会"尊重、欣赏、宽容、平等、信任、负责、超越"。

　　教育征途，行走其间，或遗忘、或丢失、或迷于路边花草、或忘记来去之所向。面对当下教育，我总在思索：欣欣向荣、生机勃发，然而繁华背后也掩饰不住些许荒芜杂草；或功利、或形式、或浮躁，表面轰轰烈烈、热热闹闹，实则偏离了教育本意。教育的加工"过度"、添加"过多"、功利"过头"，导致忘记了初心，远离了教育本真。

"物有本末，事有终始，知所先后，则近道矣"，万物生生不息，皆始发于本源。源不深而望流之远，根不固而求木之长，教育系千秋万代、千家万户之大业，关乎生命成长、家国发展、人类进步之大事。如果教育远离本真，就难以参天耸立、浩瀚壮阔。面临再度启程的我和雏鹰实验小学，在教育这场旅行，不能忘记前行的"方向"和"目的地"——以人为本，促进人的发展便是教育的初心和本真。

雏鹰实验小学的前行路是回归教育本真路，是坚持"立德树人"路，是促进学生的全面发展之路。落实立德树人的根本任务，是培养德智体美劳全面发展的社会主义建设者和接班人，要担当起社会主义建设者和接班人的重任，就必须德智体美劳全面发展，就应该具备健康的体魄、健全的人格、良好的心理素质、优秀的品质、较高的核心素养。

雏鹰实验小学要回归教育本真，立足个性差异，促进个体独特发展。世界上没有完全相同的两片树叶，每个生命都有与生俱来的独特性，每个人都是人类共性与自身个性的统一，育人要坚持共性底线，鼓励"个性特长"。教育就是把一个人的内心真正引导出来，帮助他成长成自己的样子。是白杨，就助它在大地参天耸立；是雄鹰，就助它在蓝天自由飞翔；是湖泊，就让它阔大平坦静待万物；是小草，就让它默默生长点缀春天。

雏鹰实验小学要回归教育本真，激发主观潜能，促进人的自主发展。课堂是教育的主阵地，本真就应该把课堂还给学生，让课堂焕发出生命的活力。本真的教学课堂，是以人为本、以生为本、以学为本，学生是学习的主人，是课堂教学的主体。教师的角色是多元的、也是变化的，教师需应时应地当好"启发者""引导者""讲授者""点拨者""整合者""服务者"，在课堂教学中既不"失位"也不"越位"。为师之道的最高境界，那便是"让"，如果学生真的发挥了，老师要退让、要闪避、不阻止学生的进步。

雏鹰实验小学要回归教育本真，着眼人的未来，促进人的终身发展。长期以来，很多学校并没有把个体的"幸福"作为教育的终极目标和追求，总是把教育捆绑在"成功"上。教育的本真，就应该教会学生生活，给予学生生存本领，领着学生奔向希望、奔向未来。拥有优秀的习惯、优秀的品质，就不必担心他的未来。优秀品质是孩子们赖以生存、立于世界、走向未来的优厚资本和财富，培养孩子优秀品质是"立根"的事业。

回归教育本真、关注教师需求、促进教师发展。教育是一种诗意的修行，是用生命影响生命、用生命温暖生命的过程。没有教师的发展，就不会有学生成长；没有教师的幸福，就不会有学生的快乐。教师是一个学校的第一资源，教师的发展是教育第一生产力。教师的发展就如一棵树的生长，需要在学校、教室里获得营养，从同事、学生身上获得滋养，需要在自己的光合作用中吸收和释放能量，然后长成一棵参天大树。教师的发展与成长，源于外因和内因的综合作用。新征程的雏鹰实验小学校园更应该多一些书卷气，少一些愤世嫉俗的戾气；多一些学术气，少一些沉浸物欲的贪气；多一些文人气，少一些世俗圆滑的媚气。因为只有学校拥有了崇尚知识、崇尚美德、崇尚科学、崇尚真理的土壤，教师才有可能具备知识分子该有的特质：渊博的学识、高远的视野、高雅的情怀、仁爱的品质、坚守真理的执着、不苟世俗的清高。

"老师，我们的跳绳超越了自我！哈哈"

"老师，我们的手绘作品参展啦！"

孩子们的欢呼声将我从回忆中拉回，在孩子们的指引下，转眼间十几年过去了，我的孩子们越长越高了，一届又一届学生毕业了、中考了、高考了！而我也从不惑之年步入了知天命的年龄，回想这十几年，每天16小时的工作时间都是家常便饭，经常会有人问我，当校长很辛苦吧？每天工作这么久？我自己也忘了，竟然每天都工作这么久！说来觉得好笑，埋头工作再抬头休息的时候，是不会觉得时间长的，我常常会觉得每天做得不够，感叹时间太快了。然而身体上的疲惫换来的是精神上的极大满足，当我看到学生数量一届比一届多、毕业生质量一届比一届高、家长满意度越来越好的时候，这种兴奋和骄傲难以言喻。

每天清晨巡视教学楼，听到孩子们悦耳的朗读声，看到他们清澈的双眼和握紧书本的小手时，我都感性的驻足凝视，有时还泪眼盈盈，真好！这种感觉比世上任何一种褒奖都让我感到自豪。

每当手捧着一期又一期来自老师和孩子们原创的《风铃集》和《风雅集》，一本本"回忆录"，从春天到夏天、从秋天到冬天，记录了和学生相处的点点滴滴。他们都是完整的个体，他们的善良、活泼、独特、聪慧、认真、可爱、有趣都流淌在这一份回忆当中。翻看孩子们一本本原创的《幸福成长手册》，他们稚嫩的字迹透着可爱，像是初春冒出土的小青笋，一个一个地跟我诉说着他们对校园生活的热爱。从教师生命叙事的背后、从一届届颁奖典礼看到一批批获奖教师的时候，我看到从讲台上到讲台下，每一个教师充满朝气的身影；每一位教师的承诺和担当都像是一根小小的羽毛，编织成了雏鹰实验小学坚实的翅膀，载着学生去看最美最远的风景。

雏鹰实验小学就像是我悉心栽培的一株银杏树，它是世界上独一无二的品种，我带着园丁们用汗水浇灌它成长，13 年的时间它已经落英缤纷、烂漫无比。从最初 50 名学生到如今的 3172 名学生、从 11 位老师到 172 位老师、从两个教学班到七十个教学班，这是量的积累带来质的飞跃，这些告诉我，一切一切的努力和奋斗都值得。

我寄予从雏鹰实验小学走出去的孩子们，要有"长风破浪会有时，直挂云帆济沧海"的自信；"千磨万击还坚劲，任尔东西南北风"的坚韧；"天下兴亡，匹夫有责"的担当；"路漫漫其修远兮，吾将上下而求索"的执着；"学问勤中得，萤窗万卷书"的勤奋；"谁言寸草心，报得三春晖"的孝顺；"乐以天下，忧以天下"的无私；"精诚所至，金石为开"的专注；"海纳百川，有容乃大"的宽容。这些优秀品质是雏鹰实验小学的校园时光中蕴藏的，也是孩子们未来人生中发扬光大的。

我，一个平凡、执着的校长，我要感谢我的学生们、我的同事们、孩子的家长们，还有所有见证了雏鹰实验小学成长的人。相信在不远的将来，我们的雏鹰实验小学一定会变得更美好。那悠扬的歌声里飘荡着孩子们的笑声，斜沉的夕阳里镌刻着每一位雏鹰实验人的名字。过去的成就暂且封存，就让它们慢慢隐没在校园简短历史的洪流里，雏鹰实验小学期待站上下一个时代浪潮的潮头重新出发。

我将与所有乐翔少年在这里成长、从这里出发，也从这里飞翔，成为翱翔天空的主人！